Ob Beatrix Potters liebenswerter Peter Hase, Enid Blytons fünf Detektiv-Freunde, Johanna Spyris herzenskluge Heidi, Tove Janssons freundliche Mumin-Trolle oder Astrid Lindgrens unangepasste Pippi: Viele der erfolgreichsten Kinderbücher wurden von Frauen verfasst und sind noch heute beliebte Klassiker, die von Generation zu Generation weitergegeben werden. Luise Berg-Ehlers erzählt begeisternd, detailreich und klug, unter welchen Umständen diese Autorinnen schrieben, was ihre Beweggründe waren: vom Aufbrechen der Konventionen bei Astrid Lindgren über gezeichnete Natur- und Tierliebe bei Beatrix Potter zur Erschaffung fantastischer Abenteuer bei Cornelia Funke oder J. K. Rowling.

Luise Berg-Ehlers, geboren in Lüneburg, hat in Hamburg und Bochum Germanistik, Theologie und anderes studiert, über Theodor Fontane promoviert, ist Gründungsmitglied der Theodor-Fontane-Gesellschaft Potsdam und war mehrere Jahre 2. Vorsitzende. Sie war zudem 40 Jahre im Schuldienst tätig und schrieb zahlreiche Aufsätze zu fachdidaktischen Themen.
Von ihr sind im insel taschenbuch außerdem erschienen: *Mit Virginia Woolf durch England* (it 4106), *Mit Miss Marple aufs Land* (it 4367), *Extravagante Engländerinnen. Adelige Landpartie zwischen Herrenhaus, Gartenidylle und Dinnerparty* (it 4438) und *Klug, rebellisch, emanzipiert. Lehrerinnen mit Weitblick* (it 4563).

insel taschenbuch 4749
Luise Berg-Ehlers
Berühmte Kinderbuchautorinnen

Die Originalausgabe erschien 2017 im Elisabeth Sandmann Verlag und wurde für die vorliegende Taschenbuchausgabe leicht gekürzt.

Erste Auflage 2019
insel taschenbuch 4749
Insel Verlag Berlin 2019

Druck: Pustet, Regensburg
Printed in Germany   ISBN 978-3-458-36449-8

Luise Berg-Ehlers

Berühmte Kinderbuchautorinnen

und ihre Heldinnen und Helden

Insel Verlag

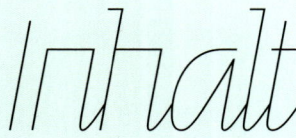

Inhalt

EINLEITUNG   9

Einleitung

»Ich will niemals großwerden«, sagte Thomas
entschieden. »Nein, darum muss man sich
wirklich nicht reißen«, sagte Pippi.
»Große Menschen haben niemals etwas Lustiges.
Sie haben nur einen Haufen langweilige Arbeit und
komische Kleider und Hühneraugen und
Kumminalsteuern.« »Kommunalsteuern heißt das«,
sagte Annika. »Ja, es bleibt jedenfalls
der gleiche Unsinn«, sagte Pippi.

AUS: ASTRID LINDGREN, »PIPPI IN TAKA-TUKA-LAND«

Pippi Langstrumpf und ihre Freunde haben Recht und Unrecht zugleich: Recht, weil das Erwachsensein noch Unangenehmeres bereithalten kann als Hühneraugen und Steuerzahlungen, und Unrecht, weil auch Erwachsene die Möglichkeit haben, ins Kinderland zurückzukehren.

Das Land der Kindheit wie auch die Landschaften der Jugend sind dem Erwachsenen einerseits sehr fern und – scheinbar – unzugänglich, da schon lange verlassen; andererseits sind sie nicht zuletzt Sehnsuchtsorte, in die man zuweilen zurückkehren möchte, wenn man es denn könnte. Eine Möglichkeit der Rückkehr gibt es, und diese beansprucht die Fantasie und fordert ein kurzfristiges Vergessen der jeweiligen Gegenwart: Es ist die Erinnerung an frühere Lesefreuden und Lektüreerfahrungen. Das ist nicht etwa Fortdauer der Kindheit, nicht Flucht in Vergangenes, das wie Verlorenes erscheint, sondern Erinnerung an das, was war und was wert wäre, noch zu sein.

Auch wenn Lesen heute vielleicht nicht mehr die Bedeutung für Kinder hat wie noch vor 50 Jahren, so bleibt doch die Erinnerung an das erste, selbst gelesene Buch, an »Vorlesungen« abends zum Einschlafen, morgens zur Belehrung und nachmittags zur Unterhaltung. Manchmal konnte man beim Vorlesen den Text mitsprechen, so oft hatte man ihn gehört, so oft wollte man ihn immer wieder hören. Mögen auch Goethe und Schiller als die verehrungswürdigsten Klassiker gelten – im Bewusstsein vieler Menschen ist jene Literatur die »klassische«, da überdauernde, mit der man aufgewachsen ist, die einen als Kind tröstete, belustigte oder in Spannung versetzte und in der Jugend in andere Welten reisen ließ, wenn die eigene Gegenwart wieder einmal unerträglich schien.

Die schönsten Dinge, die man in der Kindheit gerne tat, sind die verbotenen, denn sie müssen etwas Besonderes sein, weil sie sonst nicht verboten wären. Die nächtliche Lektüre unter der Bettdecke, mit roten Ohren und klopfendem Herzen, gehörte dazu. Und die Vorstellung, das Licht der Taschenlampe wäre in der Dunkelheit hinreichend unter dicken Daunen verborgen, zeigte sich spätestens dann als irrige Annahme, wenn verständnislose, aber besorgte Eltern daran erinnerten, dass die Nacht zum Schlafen und nicht zum Lesen bestimmt ist.

Gibt es etwas Aufregenderes als in das Land zurückzukehren, das man vor langer Zeit verlassen musste, weil man älter wurde? Gibt es etwas Melancholischeres als zu wissen, dass man in das verlassene Land nur durch die Lektüre jener Bücher zurückkehren kann, die damals jenes Land erschufen? Das – erinnerte – Land der Kindheit, das lange zögert, eh es untergeht, wie Rilke dichtet, ist bewohnt von vielen seltsamen Lebewesen, heißen sie nun Pippi Langstrumpf, Heidi, Nesthäkchen oder Peter Hase, seien sie der kleine Lord, fünf Freunde oder die Mumins.

Der Aufzählung dieser literarischen Figuren ist Wichtiges hinzuzufügen: Alle wurden von Autorinnen geschaffen! Ein englischer Wissenschaftler hat als Ergebnis seiner Forschungen festgestellt, dass Mädchen mehr lesen als Jungen und dass mehr weibliche Autoren für Kinder schreiben als männliche, wobei man hier im Rückblick etwas differenzieren muss. Vor etwa 100 Jahren galt im Literaturbetrieb eine kaum hinterfragte Regel: Männer schreiben für Knaben und Männer, Frauen schreiben für Mädchen und Frauen. Noch Ende des 20. Jahrhunderts musste die Autorin Joanne R. die Realität dieser Regel erfahren, als der Verlag ihr nahelegte, ihre Vornamen zu Initialen zu verkürzen, da Jungen andernfalls wohl kaum ihre Bücher lesen würden. Die Millionenauflagen von J. K. Rowling dürften jedoch kaum den skelettierten Vornamen geschuldet sein.

Schreiben war wie Erziehen bis weit in das 19. Jahrhundert hinein die einzige Tätigkeit, die Frauen ohne Ansehensverlust ausüben konnten. So ergab es sich, dass vornehmlich Autorinnen, die zugleich Lehrerinnen oder Gouvernanten waren, Bücher für kleine und große Mädchen schrieben. Da blieb es nicht aus, dass man von ihnen Bücher erwartete, die junge Mädchen auf ihr zukünf-

tiges Leben als Ehefrau, Hausfrau und Mutter vorbereiteten. Und sofern nicht Autorinnen wie Jane Austen, die Schwestern Brontë oder George Eliot Gesellschaftsromane schrieben, fielen häufig Schreiben und Erziehen zusammen, und das Produkt war sogenannte Erbauungsliteratur, moralisierende Schriften mit pädagogischem Impetus. Diese allerdings wurden vor allem Ende des 18., Anfang des 19. Jahrhunderts nicht selten auch von Autoren verfasst, die aber dem jungen, weiblichen Lesepublikum nur Erbauliches präsentieren durften. Die Aufgabe von schreibenden Männern war es, Erziehungs- und Bildungsliteratur für Knaben zu verfassen, die den zukünftigen Untertan, den zukünftigen Soldaten auf den Dienst für König, Kaiser und Vaterland vorbereiten sollten.

Ende des 19. Jahrhunderts kritisierte der Hamburger Pädagoge Heinrich Wolgast, sich nachdrücklich für die Emanzipation der Frauen einsetzend, die »Jugendschriftstellerinnen«. Er wandte sich zu Recht gegen jene süßliche Literatur, in der kleine und große Mädchen als wonnige, naive, puppenähnliche Wesen gezeichnet wurden, die nur im Hause und nicht in der Welt leben und ohne Männer, die sie liebevoll verwöhnen und bevormunden, fast hilflos sind. Dieses Verdikt erfreute die Frauenrechtlerin, jedoch weniger die psychologisch erfahrene Pädagogin, denn derart apodiktisch wird man weder den Schriftstellerinnen noch ihren begeisterten jungen Leserinnen jener Zeit gerecht. Wolgast selbst hatte wohl zu wenig Bücher für Mädchen gelesen, und schon gar nicht solche aus England oder Nordamerika, denn dort schrieben Autorinnen bereits für das »neue Mädchen«, für die »neue Frau«. Und nicht nur er verkannte, dass Autorinnen zunehmend auch für Knaben schrieben, dass Abenteuer in fernen Ländern nicht mehr nur die Domäne von Karl May waren.

Überblickt man die von Frauen geschriebene Kinder- und Jugendliteratur der letzten 150 Jahre, so zeigt sich der wesentliche Anteil, den Autorinnen an der Entwicklung junger Menschen zu selbstständigen, selbstbewussten und kreativ die Welt erkundenden Erwachsenen hatten und haben. Deutlich wird auch, wie unterschiedlich deutsche, skandinavische und angelsächsische Schriftstellerinnen Kinder und Jugendliche und deren Welt darstellen, und damit diesem besonderen Literaturgenre jeweils unterschiedliche Intentionen einschreiben. Besonders interessant wird die Lektüre jener Werke, die von Autorinnen geschrieben wurden, die zugleich Illustratorinnen waren: Beatrix Potter, Tove Jansson, Judith Kerr, Christine Nöstlinger oder Cornelia Funke. Diese Bücher zu lesen, führt dann den bewussten Leser nicht nur in ein Kinderland zurück, sondern in mehrere, gewissermaßen internationale »Kinderländer«, und das ist dann eine neue Erfahrung, die Erwachsene im Nachhinein den Kindern voraushaben.

Und wenn Pippi Langstrumpf und ihre Freunde mehr Bücher von Astrid Lindgren lesen würden, hätten sie vielleicht nicht mehr so viel Angst vor Hühneraugen und vor dem Erwachsenwerden.

Von kleinen und großen Mädchen

»Mit 14 Jahr und 7 Wochen
ist der Backfisch ausgekrochen,
mit 17 Jahren Wochen drei
ist die Backfischzeit vorbei.«

VOLKSWEISHEIT

Ein seltsamer Vers, den Mädchen im 19. und bis ins 20. Jahrhundert hinein stolz zitierten, um ihr langsames Erwachsenwerden zu feiern. Der Begriff »Backfisch« erfuhr zahlreiche Definitionen – von einer Reduktion des studentischen Begriffes »Baccalaureus« bis hin zu Gewohnheiten in der Küche, kleine Fische in Teig auszubacken –, doch eigentlich ist keine so attraktiv, dass man sich als junges Mädchen damit schmücken möchte. Oder sollte etwa ein knuspriger Bierteig mit Inhalt, gewissermaßen Fish ohne Chips, dem Schatten junger Mädchenblüte Konkurrenz machen?

Und dennoch: Generationen weiblicher Jugend vor allem in Deutschland glaubten sich als Backfisch mit neuer Würde ausgestattet, und zahllose Bücher der Mädchenliteratur nahmen sich expressis verbis dieser Spezies an – aus unterschiedlichen Gründen, aber fast immer mit großem Erfolg! Dieser Erfolg kam fast nur Autorinnen im 19. Jahrhundert zugute, die sich zum einen aus eigener Erfahrung mit den pubertären Wirrnissen im Leben junger Mädchen auskannten, die aber zum anderen um die Anforderungen wussten, denen eine junge Frau im gesellschaftlichen Leben der Kaiserzeit zu genügen hatte und auf deren Erfüllung sie vorbereitet werden musste. Deshalb war diese Literatur für Mädchen zwischen 14 und 17 ein spezielles Genre, das verschiedene Intentionen in sich vereinigte: Unterhaltung, Belehrung, Seelentröstung, Amüsement und eine Art »Backfischknigge« für das Verhalten auf Bällen und bei anderen Lustbarkeiten, was dezente Anspielungen auf eigentlich unerlaubte erotische Erregbarkeiten nicht ausschloss.

Clementine
Helm

1825-1896

D ie »Urmutter« der Backfisch-Bände aber war **Clementine Helm** mit dem viel gelesenen Buch *Backfischchen's Leiden und Freuden. Eine Erzählung für junge Mädchen*, zuerst erschienen 1862. Helm (1825 – 1896), geboren in Sachsen, kam nach dem frühen Tod des Vaters, eines Kaufmanns, zu ihrem Onkel nach Berlin, wo sie sich in der Königin-Luise-Stiftung ausbilden ließ, weil sie beabsichtigte, Lehrerin zu werden. In einem biographischen Lexikonartikel von 1902 heißt es dann bezeichnenderweise, dass sie diesen Plan aufgab, als »ihr der Professor der Mineralogie, der spätere Geh. Bergrath Beyrich, seine Hand anbot«, also die klassische, von Mädchen anzustrebende Karriere. Da sie aber eine erzieherische Neigung verspürte, begann sie, durch schriftstellerische Aktivität auf die Jugend einzuwirken – so das Lexikon; allerdings tat sie das unter ihrem Mädchennamen, da Schreiben für eine Professorengattin wohl unziemlich gewesen wäre.

»Diese jungen Damen standen für mich armes, ungelenkes Dorfkind alle auf einer so unerreichbaren Höhe, dass ich mich immer am liebsten wie ein Mäuschen verkrochen hätte, wenn ich einem solch feinen Fräulein vorgestellt wurde.«

AUS: BACKFISCHCHEN'S LEIDEN UND FREUDEN

Mit ihrem »Backfischbuch« schaffte sie den Durchbruch, und die Probleme der Leiden und Freuden der heranwachsenden »höheren« Töchter blieben ihr Lieblingsthema. Kritisch merkt der Biograph an, dass sich die Autorin nicht selten wiederhole und auch »Minderwerthiges« dargeboten hätte. Doch so minderwertig scheint die Produktion von Clementine Helm in zeitgenössischer Sicht nicht gewesen zu sein, denn zu ihrem Bekanntenkreis gehörte Theodor

Fontane, der ein Buch von ihr freundlich-neutral rezensierte, für eine Geburtstagstorte samt Gedicht dankte und zum Tode des Ehemannes kondolierte. Leider ist nicht überliefert, was Fontane vom *Backfischchen* hielt – zumindest der außergewöhnliche kommerzielle Erfolg dürfte ihn, dessen Bücher selten ähnlich hohe Auflagen erzielten, beeindruckt haben.

Und dieser Erfolg war, anders als bei einem großen Teil der Konkurrenz auf dem Literaturmarkt für Backfische, weniger mit rosaroter Gefühligkeit erarbeitet (obwohl am Ende des Romans natürlich Herzen zueinander und Paare zum Traualtar fanden), sondern Helm hatte Humor und schuf obendrein eine Heldin, die es eigentlich zu ihrer Zeit nicht hätte geben dürfen: eine selbstständige, fast emanzipierte Frau. Die eine Hauptperson – bezeichnenderweise mit Namen Grete – kommt als »Naturkind« vom Land in die Stadt und soll bei ihrer Tante die von der Gesellschaft geforderte Lebensart lernen; die andere – Eugenie – hat davon mehr als genug, ihr aber fehlt das, was man heute »soziale Kompetenz« nennen würde, da sie sehr verwöhnt aufwuchs. Es versteht sich von selbst, dass beide im Laufe der Erzählung so werden, wie sie werden sollen, ungewöhnlich aber ist die Gestaltung des Happy Ends: Während Grete auf den Heiratsantrag ihres Verehrers wartet, ergreift Eugenie die Initiative und trägt dem Zukünftigen ihre Hand an. Voller Bewunderung lässt die Autorin durch Grete feststellen, dass ein solcher Mut, eine solche Selbstsicherheit Eugenie zu einer Art Amazone macht. Und Amazonen waren in der damaligen Gesellschaft nicht vorgesehen!

Die Vielfalt der Backfisch-Literatur Ende des 19., Anfang des 20. Jahrhunderts

ERSTMALS ERSCHIENEN 1885 · DER TROTZKOPF ·

Emmy von Rhoden

1829-1885

E in ähnlich widerborstiges Wesen verhalf einer ebenso bekannten Autorin zum Erfolg; allerdings stellte der sich tragischerweise erst nach ihrem Tod ein. **Emilie Auguste Karoline Henriette Kühne** (1829 – 1885), verheiratet mit dem seinerzeit viel gelesenen Schriftsteller Hermann Friedrich Friedrich, schrieb unter dem Pseudonym **Emmy von Rhoden** Bücher für die weibliche Jugend. Bezeichnend für die Situation einer Autorin im 19. Jahrhundert ist der Artikel in einem Dichterlexikon, in dem es über von Rhoden heißt: »In einem glücklichen Familienleben widmete sie sich ganz den Pflichten der Gattin und Mutter, da ihr zwei Kinder beschieden waren. (Und sie) nahm in der innigsten Weise teil an dem geistigen Wirken ihres Mannes.« Vorrang genoss also der Ehemann, dessen Bücher allerdings im Gegensatz zu denen seiner Frau heute kaum noch jemand kennt.

In dem Roman *Der Trotzkopf* präsentiert von Rhoden kein braves Mädchen, das

> »Ilse lachte spöttisch über die vielen nach
> ihrer Meinung unnützen Dinge; besonders
> die Hausschürzen fand sie geradezu lä-
> cherlich. Schürzen zu tragen hatte sie bis-
> her immer mit Entrüstung abgelehnt.«
>
> DER TROTZKOPF

mit himmelwärts gewendeten Augen die Sanftheit in Person ist, sondern eine Protagonistin, die als Wildfang erst mühsam zu einer Dame erzogen werden muss, und das – wie damals üblich – in einem Pensionat. »Trotzkopf« Ilse ist der Liebling eines sehr nachsichtigen Vaters, der seine Tochter, auf dem Lande recht frei aufgewachsen, ungern in städtische Enge und Strenge geben mag. Als

sie aber sogar ihm nicht gehorcht, sondern nur das tut, was ihr gefällt, sieht er die Notwendigkeit einer Pensionserziehung ein, die dann nach entsprechender Zeit den gewünschten Erfolg erzielt: Ilse kann sich wie eine Dame benehmen, selbst wenn sie nicht immer eine ist. Dieser »Entwicklungsroman« von 1885 hat mehr als 100 Jahre überdauert, wurde für das Fernsehen verfilmt und findet immer noch begeisterte Leserinnen. Die bewundern Ilse dafür, dass sie Lehrerinnen Widerstand bietet, und beneiden sie, weil sie nicht lernt, wenn sie nicht will. Vielleicht finden sie sogar toll, dass Ilse zuweilen einfach nur schlechtes Benehmen offenbart.

Eine »Trotzkopf«-Ausgabe aus den 1920er Jahren

Die Geschichte der »Zähmung einer Widerspenstigen« ist ebenso eine Geschichte, wie Hans mühsam das lernt, was seine Eltern versäumten, Hänschen beizubringen. Der Titel jedoch zeigt Auflehnung und Unangepasstheit, und man könnte vermuten, dass die Autorin, selbst eine »höhere Tochter«, gerne so widerständig gewesen wäre wie ihre Heldin – es zumindest aber anderen jungen Frauen wünschen würde. Sicherlich hatte von Rhoden mit ihrem Buch deshalb so großen Erfolg, weil der »Trotzkopf« sich der klassischen Jungmädchenrolle verweigert und damit den Leserinnen wenigstens von Ferne die Möglichkeit einer alternativen Lebensgestaltung präsentiert.

ERSTMALS ERSCHIENEN 1868 · LITTLE WOMEN ·

Louisa May Alcott

1832–1888

Während aber in Deutschland die Heldinnen der Backfischbücher sich noch nach Heirat, Kindern und Küche sehnten, waren ihre (literarischen) Altersgenossinnen in Nordamerika schon weiter. Sie überlegten bereits, ihr Leben in die eigenen Hände zu nehmen, berufstätig zu werden und möglichst eine eigenverantwortliche Existenz zu führen. Dies gelang literarisch wie real am besten **Louisa May Alcott** (1832 – 1888), die in gewisser Weise das vorlebte, was ihre Kolleginnen in Europa kaum in ihren Büchern beschrieben. Sie engagierte sich gegen Sklaverei und für Frauenrechte, ließ sich in Wählerverzeichnisse eintragen, ohne bereits wählen zu können, heiratete nicht und wahrte den Anspruch auf ein selbstbestimmtes Leben. Zwar beneidete sie ihre Schwester um deren Kinder – sie selbst hatte wie Jane Austen nur »Bücher als Kinder«, und die waren verkäuflich. Doch in einem kurzen Artikel erwähnte sie die vielen unglücklich verheirateten Frauen, die aus Angst, eine alte

Jungfer zu werden, zu schnell heirateten und zu spät merkten, dass der Verlust an Freiheit und Selbstrespekt nicht dadurch aufgewogen wird, dass man »Mrs« genannt werde. Und sie erkannte schon vor Virginia Woolf, wie wichtig das Zimmer für sich allein ist; all dies war natürlich möglich durch den Erfolg ihres ersten Buches für Jugendliche.

Alcotts berühmtestes Werk, *Little Women* (1868), wurde zu einem Klassiker der amerikanischen und bald auch der internationalen Jugendliteratur. Zwar scheint der englische Titel harmlos zu sein, und der deutsche *(Betty und ihre Schwestern)* ist es in der Tat – doch die »kleinen Frauen« sind nicht »klein«, sondern selbstbewusste und tatkräftig agierende Töchter, die in Abwesenheit des Vaters für die Familie sorgen und der Welt zeigen, was Frauen vermögen, die aber – mit einer Ausnahme – mehr oder minder freiwillig die konventionelle Frauenrolle übernehmen. Letzteres trug Alcott trotz ihrer progressiven Reputation manche Kritik aus Kreisen der Frauenbewegung ein.

Die »little women« sind teilweise in fiktionalisierter Form die Schwestern der Autorin, denn Louisa May Alcott hat in ihren Roman großzügig Erfahrungen und Erlebnisse ihrer Familie eingearbeitet – allerdings nicht alles. So ist ein Geheimnis der Autorin erst 80 Jahre später von Forscherinnen enthüllt worden. Viele Jahre führte sie ein literarisches Doppelleben und schrieb unter einem Pseudonym blutrünstige Schauergeschichten mit verderbten Verbrechern, schwachen Frauen und Liebe wie Leidenschaft. Mit diesen Texten sicherte Alcott der Familie die Existenz, wozu ihr philosophischer Vater trotz hoher Bildung und zahlreicher Lehrtätigkeiten nicht fähig war. Amos Bronson Alcott war Erzieher und Reformer, der mit seinen Freunden Ralph Waldo Emerson, Henry David Thoreau und Nathaniel Hawthorne eine Art »American Bloomsbury« in Concord an der Ostküste bildete. Die Familie profitierte nicht nur materiell von diesem Freundeskreis, sondern die Mädchen – ohne formale Schulbildung aufwachsend – konnten sich frei in der Bibliothek von Emerson bedienen. Doch trotz aller Unterstützung gestaltete sich das Leben der Alcotts während vieler Jahre bestimmt nicht einfach. Und so waren es die vier Töchter der Familie, die als Gouvernanten, Näherinnen und Lehrerinnen sich und die Eltern »über Wasser« hielten. Louisa allerdings fühlte sich mehr zum Schreiben, zur Arbeit als Schriftstellerin hingezogen, weshalb sie begann, sich mit Kurzgeschichten für Magazine langsam eine Karriere aufzubauen.

Während des Bürgerkriegs meldete sie sich zur »army of noble women«, wie es in dem Nachruf der *New York Times* 1888 heißt, um in einem Hospital die Verwundeten zu pflegen. Dort infizierte sie sich mit Typhus, wovon sie sich nie mehr völlig erholte. Ihre Erfahrungen mit Medizinern – nicht immer kompetent – und Patienten – fast immer zu bedauern – veröffentlichte sie in einem kleinen, humorvollen Band, durch den sie unter ihrem eigenen Namen bekannt wurde. Mit ihrem Schreiben wollte Louisa May Alcott mithelfen, die riesigen, von ihrem Vater angehäuften Schulden abzutragen, doch das ging nur sehr langsam. Der Verleger, ihre literarischen Fähigkeiten erkennend, forderte sie auf, ein Buch für Mädchen zu schreiben, was Alcott erst ablehnte, um es dann doch zu versuchen. Innerhalb von zehn Monaten hatte sie den Roman geschrieben, und der Erfolg, die Begeisterung des Publikums waren überwältigend.

Little Women, dem kurz darauf wegen der großen Nachfrage ein Fortsetzungsband folgte, erzählt vom Leben der vier Schwestern Meg, Jo, Beth, und Amy March und deren Erwachsenwerden. Jede repräsentiert einen anderen

Das Wohnhaus von Ralph Waldo Emerson
in Concord, Massachusetts

Frauentyp, mit dem sich die jungen Leserinnen nach Bedarf identifizieren konnten. Meg wird die klassische Ehefrau, Beth die aufopferungsvolle Helferin, Amy die leicht egozentrische Künstlerin und Jo, eine Art Selbstbild der Autorin, liest, schreibt, ist ein rechter Wildfang und liebt ihre Unabhängigkeit. Dass sie zum Schluss dennoch heiratet, geschieht auf Wunsch des Verlegers; immerhin gönnt ihr Alcott einen älteren deutschen Professor.

Mit dem Buch kamen Ruhm und Reichtum, und Alcott reiste viel, bevorzugt nach Europa. Sie freute sich allerorten über ihre außerordentliche Prominenz, mit der man ihr, sehr viel dezenter als daheim, Reverenz erwies. Sosehr sie den inzwischen möglichen Luxus genoss, so sehr wurde ihr Leben durch die zunehmende Verschlechterung der Gesundheit beeinträchtigt. Und während sie immer als Betreuerin für alle Kranken und Beladenen bereitstand, musste sie selbst in den letzten Monaten ihres Lebens in ein Pflegeheim gehen. Sie starb 1888; auf ihrem Grab neben dem Stein steckt ein kleines Sternenbanner – damit werden in den USA die Teilnehmer an Kriegen geehrt.

ERSTMALS ERSCHIENEN 1912 · DADDY LANGBEIN ·

Jean
Webster

1876-1916

Besonders beliebt bei Leserinnen waren Pensionsgeschichten, die in den englischsprachigen Ländern wie in Deutschland von Mädchen mit Begeisterung verschlungen wurden, und wenn sie älter waren, lasen sie Romane über das Leben im College. Letzteres allerdings gab es für ihre Altersgenossinnen in den meisten Ländern Europas allein schon deshalb nicht, weil ihnen der Zugang zum Studium prinzipiell versperrt war. Das Leben und Lernen in einem (Mädchen-)Internat ist, zumindest in der Literatur, mehr Vergnügen als Beschwernis: Vergnügen bereitet das Leben unter Gleichaltrigen, mit denen man die Sorgen teilen und den Schulbetrieb zuweilen »aufmischen« kann. Beschwernis entsteht häufig durch Heimweh. Heimweh verspürt die Romanheldin Jerusha Abbott nicht, denn sie hatte als Waise nur das Heim und

> »Es sind nicht die ganz großen Freuden,
> die am meisten zählen. Es kommt darauf
> an, aus den kleinen viel zu machen.«
>
> JEAN WEBSTER

keine Heimat, doch glücklicherweise sorgt ein unbekannter Förderer für ihren Collegebesuch. Sie nennt ihn, da sein Schatten an eine langbeinige, dünne Spinne erinnert, »Daddy Langbein«, und so heißt auch der außerordentlich erfolgreiche Roman von Jean Webster (eigentlich: Alice Jane Chandler Webster, 1876 – 1916), in dem diese über die Collegeerfahrungen eines jungen Mädchens schreibt, die teilweise die ihren waren. Webster geht es jedoch nicht nur um unterhaltsame Schulanekdoten, sondern vornehmlich um das Engagement für Frauenemanzipation und um die Fürsorge für Waisen und benachteiligte Menschen.

Webster wurde in einem kleinen Ort im äußersten Westen des Staates New York geboren; ihr Vater gründete mit ihrem Großonkel Mark Twain einen Verlag, doch die Zusammenarbeit scheiterte. Das junge Mädchen wuchs gewissermaßen in einem »Bücherhaus« auf, wollte selbst Schriftstellerin werden und soziale Verantwortung übernehmen. Das bewog sie, als sie ihre Ausbildung auf dem Vassar College fortsetzte (einem der traditionsreichen Frauencolleges der USA), Englisch, Literatur und Nationalökonomie zu studieren. Besondere Bedeutung hatte für sie das Erkämpfen des Frauenwahlrechts, für das sich schon ihre Großmutter eingesetzt hatte. Webster schrieb für die Collegezeitung und andere Blätter, und sie war sicherlich eine der beachtenswertesten Studentinnen auf dem Campus. Später wurde sie zu einer der beach

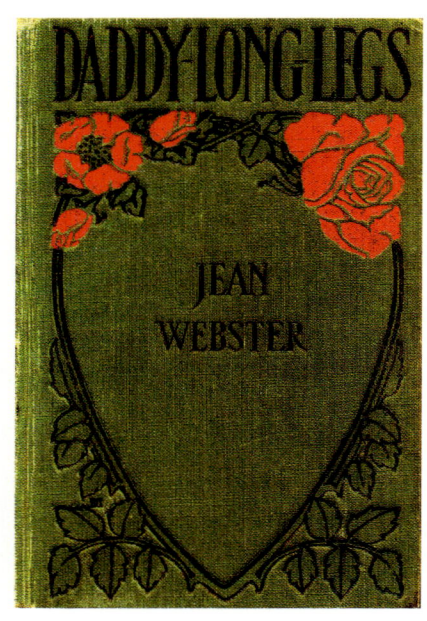

tenswertesten amerikanischen Autorinnen, die sich nachdrücklich für Frauenbildung in Schule und Hochschule einsetzte, und das sehr wirkungsvoll mit ihren Büchern. Websters erster College-Roman erscheint 1903 *(When Patty Went to College)*, gefolgt von *Just Patty,* dem jungen Mädchen in der Schule. Patty ist eine unkonventionelle, Autoritäten verachtende und sehr beliebte Schülerin, die als ihr Lebensmotto formuliert: »Betreten verboten«-Schildern würde sie keine Aufmerksamkeit schenken. Sie verkörpert also das, was Jugendliche häufig ebenfalls gerne wären – unkonventionell und widerständig.

Ihr literarischer Erfolg ermöglichte Webster viele Reisen, vorzugsweise nach Europa, was wiederum Resonanz in ihren Büchern fand. Webster war außerdem politisch aktiv, doch die Konzentration ihrer sozialen Anliegen in literarisierter Form trug mehr zur öffentlichen Diskussion (und zur Durchsetzung) bei, als es politische Deklarationen vermocht hätten. Sie heiratet 1915 einen Anwalt, doch der Ehe ist kein langes Glück beschieden. 1916 stirbt Webster im Kindbett, noch nicht vierzig Jahre alt. Autorinnen wie sie, die als Advokatinnen für wichtige soziale Veränderungen im Interesse der Frauen eintreten und dies nicht verbissen, sondern mit Witz und Humor tun, gab und gibt es leider nicht immer genug.

Was Internatsgeschichten betrifft, sei kurz auf Enid Blyton verwiesen (zu ihrer Biografie im nächsten Kapitel). Bei ihr ist der Aufenthalt im Pensionat bestimmt von Streichen, Konflikten unter Mädchen, Problemen mit Lehrerinnen – und der Einsicht, dass man sich sozialen Regeln anpassen muss, um für alle ein Leben in der Gemeinschaft erträglich und sinnvoll zu machen. In Deutschland erscheinen die Bücher unter dem Titel *Hanni und Nanni* und sind

Vassar College, Poughkeepsie, im Bundesstaat New York

immer noch erfolgreich. Allerdings wurde das englische »Lokalkolorit« des anglikanischen Internats St. Clare in Cornwall in das deutsche Pensionat Lindenhof umgewandelt – eine Veränderung, die man in Zeiten von Harry Potter und der Attraktivität britischer »Boardingschools« wohl nicht mehr machen würde. So wird kaum etwas zu Schuluniformen gesagt, die Schülerinnen spielen Handball statt Hockey oder Lacrosse, doch der wichtigste Unterschied liegt wohl im erzählerischen Blick auf die Hauptpersonen, die Zwillinge Hanni und Nanni (ursprünglich Patricia und Isabel). Während Blyton vor allem deren positive Entwicklung, die Integration in die Gemeinschaft und das zunehmende Wohlwollen der Direktorin mit den vielversprechenden Mädchen herausstellt, liegt der Fokus der deutschen Bearbeitung mehr auf den unterhaltsamen Aktivitäten der Zwillinge. Unabhängig davon dürfte der Reiz dieser Romanserie wohl vor allem darin liegen, dass ein »insulares« Schulleben auf dem Kontinent zwar wenig bekannt, aber umso attraktiver war.

Else Ury

1877–1943

n Deutschland änderte sich ebenfalls einiges, und die erfolgreichste Autorin von ansatzweise emanzipatorischen Werken war Else Ury. Noch heute kennen vor allem Mädchen »Nesthäkchen«, die lebhafte Tochter des Arztes Doktor Braun in Berlin, deren Leben in zehn Bänden beschrieben wurde und auf junge Leserinnen großen Eindruck machte. Zum Geburtstag und zu Weihnachten wünschte sich eine von diesen Leserinnen immer einen Band der Serie, die Puppe wurde – wie bei Nesthäkchen – »Gerda« genannt, und da sie – wie Nesthäkchen – Medizin studieren wollte, wurde an Gerda schon mal das Amputieren geübt. Der Vater musste die Gliedmaßen wieder anheften, und er schenkte seiner Tochter nun Karl-May-Bände, was ihm sicherer erschien. Nun reiste das junge Mädchen in ihrer Fantasie mit Nesthäkchen durch Berlin und mit Kara Ben

Nemsi durchs wilde Kurdistan, allerdings schien die »Nesthäkchen-Welt« trotz zeitlicher Differenz lebensnäher zu sein. Fand sich gerade kein Geschenkanlass, lieh sie bei der Nachbarin die alten, noch in Fraktur gedruckten Schätze. Zu ihrem großen Erstaunen gab es da einen Band *Nesthäkchen und der Weltkrieg*, von dem kaum jemand etwas wusste, und der Weltkrieg war nicht der 1945 beendete, sondern der 1914 begonnene. Das junge Mädchen las jetzt mit anderen Augen, jedoch war über die Autorin Else Ury kaum etwas zu erfahren. Beim Nachschlagen entdeckte man zumeist nur die beiden Jahreszahlen * 1877 und † 1943, und erst nach und nach erfuhr man von dem schrecklichen Schicksal der Schriftstellerin.

Während der letzten Jahre wurde intensiver zu Else Ury geforscht, doch es sind nicht sehr viele Zeugnisse erhalten geblieben, die Auskunft geben können über das Leben der Bestsellerautorin. Noch in dem vielbändigen *Meyerschen Konversationslexikon* von 1979 findet sich kein Eintrag – da war ein Litera-

Nesthäkchen
im weißen Haar von
Else Ury

Nesthäkchen
und ihre
Enkel

von Else Ury

ELSE URY,
NESTHÄKCHEN
UND JHRE PUPPEN

turführer von 1913 schon weiter. Dort heißt es zu Else Ury: »Charlottenburg, Kantstr. 30, Jugendschriftstellerin. Ist auch Verfasserin eines gefälligen Märchenspiels *Der Sandmann kommt*, das zu Beginn von 1913 die Bühne sich eroberte.« Zwar wird nichts über frühere Veröffentlichungen gesagt und darüber, dass Ury zunehmend die Buchläden und Gabentische mit ihren Erzählungen eroberte. Aber für das zeitgenössische Publikum ist die Autorin immerhin präsent, und die Angabe der Adresse signalisiert eine komfortable Wohngegend im Berliner Westen, wohin es nach der Reichsgründung zunehmend wohlsituierte Berliner Familien zog.

Ury wurde in eine gutbürgerliche, relativ wohlhabende jüdische Familie hineingeboren; der Vater hatte eine Tabakfabrik, die Mutter sorgte mit den Hausangestellten für ein harmonisches Familienleben. Die kleine Else wuchs mit zwei Brüdern und einer jüngeren Schwester auf, die später in unterschiedlicher Formation mit anderen Verwandten das »Personal« ihrer Bücher stellten. Die Jungen besuchten das Gymnasium und studierten anschließend Medizin beziehungsweise Jura, die Mädchen hingegen hatten damals nur begrenzte Möglichkeiten schulischer Bildung. Aber immerhin wurden die Töchter auf die Luisen-Schule geschickt – die erste städtische höhere Töchterschule in Berlin – und beendeten die Schullaufbahn nach Klasse 10. Ein Studium war für Frauen damals noch nicht möglich, nur eine Seminarausbildung für Lehrerinnen, die Elses jüngere Schwester absolvierte. Die künftige Erfolgsautorin blieb daheim und machte das, was sie am liebsten tat: Sie schrieb. Aber was sie schrieb, macht deutlich, dass ihr – vermutlicher – Berufswunsch unerfüllt blieb. 1906 veröffentlicht sie das Buch *Studierte Mädel von heute*, und das zwei Jahre bevor sich in Deutschland die Universitäten generell für Frauen öffneten. Die Hauptpersonen sind Hilde und Daisy, die trotz einiger Widerstände das Abitur machen und ein Medizinstudium beginnen. Wenn man übrigens bedenkt, wie oft Else Ury ihre Heldinnen Medizin studieren lässt, ist es nicht unwahrscheinlich, dass sie dies ebenfalls gerne getan hätte.

Zwar trat Else Ury nicht aktiv und öffentlich für die Frauenbewegung ein, doch finden sich in ihren Büchern viele Hinweise, dass emanzipatorische Bestrebungen ihre Unterstützung hatten. Am deutlichsten wird das in dem Band *Wie einst im Mai* (1930), in dem eine ältere Dame die neue Zeit begrüßt: »Frauenfrage wurde Frauenbewegung, Frauenrecht.« Jene Kritiker also, die Ury auf die »Backfischliteratin« reduzierten, haben ihr Werk nur sehr oberflächlich gelesen! Doch weniger die progressiven Werke sind es, mit denen sich Else Ury

Wohnhaus Else Urys

die begeisterten Leserinnen der Mit-
welt und die immer noch neugieri-
gen der Nachwelt sicherte. Ihr Name
ist untrennbar verbunden mit dem
»Nesthäkchen« Annemarie Braun
und deren Erlebnissen von der Kindheit bis zu denen einer Urgroßmut-
ter. Die Arztfamilie Braun lebt – wie
Familie Ury – im gutbürgerlichen
Charlottenburg. In einem der großen
Wohnhäuser in der Knesebeckstraße
spielt die kleine Annemarie mit ihren
Puppen, empfängt die größere ihre
Schulfreundinnen zum Kränzchen
und besucht als ganz große Medi-
zinstudentin von dort die Universi-
tät. Denn nur der blonde Backfisch,
brav und rosa gewandet und auf den
glückverheißenden Mann wartend,
ist sie nicht, obwohl die Ehe unver-
meidlich ist.

Diese Buchserie erzielte hohe
Auflagen und trug dadurch zu einem
nicht unbeträchtlichen Wohlstand
der Autorin bei. So konnte sie weite Reisen unternehmen und sich ein Ferien-
haus im schlesischen Krummhübel leisten; sie nannte es »Haus Nesthäkchen«.
Soweit es aus den wenigen verbliebenen Zeugnissen rekonstruierbar ist, lebte
sie in und mit ihrer Familie und kümmerte um ihre kränkliche Mutter. Möglicherweise war es die Geborgenheit im familiären Umfeld, das Bewusstsein von
der Integration des deutsch-jüdischen Bürgertums, wodurch sie – anders als ihr
politisch sensibler Bruder – die heraufziehende Gefahr des Nationalsozialismus
nicht richtig einschätzte.

Ihre konservative Einstellung veranlasste sie vielleicht, ein Arrangement mit
den neuen Machthabern anzustreben. 1933 veröffentlicht sie das Buch *Jugend
voraus!*, in dem der nationale Aufbau beschworen wird, Hindenburg und Hitler
auftreten, und das mit dem Deutschlandlied und dem Blick in eine rosige Zu-

kunft endet. Der Versuch einer »Anpassung« scheitert! Ury wird aus der Reichs-
schrifttumskammer ausgeschlossen, was Schreibverbot bedeutet, und zunehmend erfährt sie die Auswirkungen der schrecklichen Diskriminierungen. Im

Januar 1943 wird Else Ury nach Auschwitz de-
portiert und dort gleich nach ihrer Ankunft er-
mordet. Davon erfuhren ihre Leserinnen lange
Zeit nichts – vielleicht wollte man die Illusion
literarischer Idylle und sozialer Nostalgie erhalten. Doch die wenigen öffentlichen Erinnerungen an Else Ury, die es gibt, erlauben keine Nostalgie, sondern machen das Grauenvolle dieses
Schicksals deutlich, wie die Tafel an der von ihr
besuchten Luisen-Schule in der Ziegelstraße
oder der »Stolperstein« vor ihrer letzten Wohnung in Moabit. Der Grabstein ihrer Eltern auf
dem Friedhof in Berlin-Weißensee trägt eine
Gedenktafel, doch befremdlicherweise ist das
Grab nur mit der Hilfe freundlicher Friedhofs-
gärtner zu finden. Es würde der Stadt Berlin gut
anstehen, hier ein Ehrengrab zu stiften, wie es
für weniger bedeutende Einwohner geschah.

Johanna
Spyri
1827-1901

Ähnlich wie Ury wurde eine andere Autorin ebenfalls in den Bereich »Triviales« verbannt, sofern Literaturgeschichten von ihr überhaupt ausführlicher Notiz nahmen. Dabei fällt, wenn nach wichtigen Schweizer Autoren des 19. Jahrhunderts gefragt wird, neben Gottfried Keller und Conrad Ferdinand Meyer fast immer ihr Name – **Johanna Spyri**. Sie gehört obendrein sicherlich zu den prominentesten Schweizerinnen, obwohl von ihrem Leben weniger bekannt ist, als es ihre Berühmtheit vermuten ließe. Mit ihrem Geschöpf »Heidi« hat sie weit mehr als 100 Jahre im Bewusstsein des Lesepublikums in der ganzen Welt überdauert und in Filmen wie Comics bis hin nach Japan Kinder, Jugendliche und sogar Erwachsene unterhalten. Doch trotz dieser Popularität weiß man von der Autorin relativ wenig, denn sie hat viele ihrer Briefe zurückgefordert und wohl vernichtet und alle Bitten um biographische Informationen abschlägig beschieden. Einen bekannten Literaturhistoriker ließ sie lediglich auf dessen Anfrage wissen: »Mein äußerer Lebensweg ist sehr einfach und hat durchaus nichts Besonderes aufzuweisen. Der innere war sturmvoller, wer kann den erzählen?« Sie erzählte ihn nicht, und dennoch ist einiges von ihrem Leben bekannt.

> »Ich möchte lieber mit meinem Großvater auf der Alm sein als irgendwo sonst auf der Welt.«
>
> HEIDI

Um Johanna Spyri etwas genauer kennenzulernen, sollte man den kleinen Ort Hirzel oberhalb des Zürichsees aufsuchen, in dem Spyri 1827 geboren wurde. Auch heute noch scheint Städtisches weitab und die Natur sehr nahe zu sein, denn Wiesen, Weiden, Wälder und der Blick auf ferne Berggipfel bestimmen das Bild der dörflichen Gemeinde. Doch es war keine pure Idylle, in der die kleine Johanna aufwuchs. Ihre Mutter, eine Pfarrerstochter, hatte den Arzt Johann Jakob Heusser geheiratet, der aus dem »Doktorhaus« eine Art Krankenhaus machte. In diesem führte er komplizierte Operationen durch und behandelte Menschen mit psychischen Störungen, die häufig mit der Familie unter einem Dach wohnten. Wenn man bedenkt, dass die Medizin Mitte des 19. Jahrhunderts nur eine sehr rudimentäre Anästhesie kannte, dürften die Kinder – Johanna hatte fünf Geschwister – häufig durch die Schmerzensschreie der

Heidis
Lehr· u· Wanderjahre·
von
Johanna Spyri·

·GOTHA·
FRIEDRICH·ANDREAS·PERTHES·
Aktiengesellschaft.

Patienten und das irritierende Verhalten der Geisteskranken verstört worden sein. Die Mutter schreibt in der Familienchronik, dass die Aufnahme »solcher Unglücklicher« ein Familienleben zerstören kann und sie froh gewesen sei, dass die Kinder von den »Schauerszenen der Wahnsinnigen« zu ihrer Tante flüchten konnten. Welche Verletzungen aber den kindlichen Seelen durch diese Erfahrungen zugefügt wurden, kann nur vermutet werden.

Die kleine, sehr lebhafte Johanna besuchte die ihr langweilig erscheinende Volksschule im Ort, die größere, immer noch lebhafte, wurde zum Privatunterricht nach Zürich und auf ein Internat im Waadtland geschickt. Dort sollte, wie sie später schreibt, die störende Raschheit ihrer Natur sich in französische Grazie verwandeln – was wohl nur unzureichend gelang. Während die Brüder – natürlich – studierten, kehrte Johanna anschließend wieder nach Hause zurück, um die jüngeren Schwestern zu unterrichten. In Zürich gehörte sie zu dem Kreis um Conrad Ferdinand Meyer, seiner Schwester Betsy und deren pietistischer Mutter, die für sie eine wichtige emotionale Bedeutung hatten. Während der Internatszeit fand sie eine Freundin, die sie später häufiger in Graubünden, in dem kleinen Ort Jenins nahe Maienfeld, besuchte, mit ihr wanderte und die ihr gewissermaßen die »Heidiwelt« eröffnete.

Ihre Brüder brachten natürlich Freunde ins Haus, und einen von ihnen, den Juristen Bernard Spyri, heiratete sie 1852. Dieser war ihrer Mutter der Liebste, ob er auch ihr Liebster und nicht nur der Angetraute war, wird nicht so recht deutlich. Jedenfalls macht er Karriere, wird Zürcher Stadtschreiber, also der höchste städtische Beamte mit großem Einfluss, und kümmert sich intensiv um Zürich, weniger jedoch um seine Familie. Der Herr Stadtschreiber ist mit seiner Frau in das gesellschaftliche Leben eingebunden, und so gehören zu seinem Bekanntenkreis Menschen wie Richard Wagner – den Johanna kaum mag – und Gottfried Keller, den sie gar nicht mag und er sie wohl auch nicht. Ironischerweise liegen beider Gräber auf dem Zürcher Friedhof Sihlfeld nahe beieinander.

Johanna Spyri versuchte, ihre Einsamkeit und Melancholie unter anderem durch die Lektüre der klassischen Dichter, hauptsächlich aber durch das Schreiben zu überwinden; jedoch verstärkte die Geburt des einzigen Kindes nur ihre depressiven Stimmungen. Trost fand sie bei ihrer engen Freundin Betsy, der sie sich innig verbunden fühlte – zumindest vermitteln die wenigen erhalten gebliebenen Briefe diesen Eindruck. Das Vorbild ihrer Mutter half insofern, als Spyri hier sah, wie Schreiben und Dichten aus den Bedrängnissen des Alltags,

Aus der japanischen Zeichentrickserie:
»Heidi – Ein Sommer voller Glück«,
Regie: Isao Takahata (1974)

möglicherweise sogar aus der Enge einer Ehe hinausführen können. Vielleicht Schreiben als Therapie!

Doch um mehr als ein paar Zeitungsartikel zu verfassen, braucht es für die bescheidene und selbstkritische Frau einen energischen Anstoß, und der kommt von weit her – aus Bremen. Der Pfarrer der Bremer Liebfrauenkirche reist aus privaten Gründen häufiger nach Zürich, und er drängt Spyri, die ihm aus pietistischen Kreisen bekannt ist, zum Schreiben von Geschichten. Nach langem Zögern schickt sie ihm den Text *Ein Blatt auf Vrony's Grab*, später noch andere, deren Erlös hanseatischer Wohltätigkeit zugutekommt. Spyris Erzählung von der frommen Frau, die den brutalen Ehemann auf Weisung des Pfarrers gottergeben erträgt und, blutig geschlagen, heiter auf den Tod und den Himmel wartet, wurde – bezeichnend für die damalige Frömmigkeit – ein großer Erfolg. Und so meldete sich bald ein bedeutender Verleger aus Gotha, dem die Autorin ihre weiteren Bücher in der realistischen Erkenntnis übergab,

Heidi-Verfilmung unter der Regie von Luigi Comencini;
mit Elsbeth Sigmund, Heinrich Gretler und Thomas Klameth, 1952

nur so ein größeres Publikum erreichen zu können. Und das geschah bereits mit der nächsten Veröffentlichung 1880: Heidi, das Mädchen aus den Bergen Graubündens, machte Spyri zur Bestsellerautorin. Was aber war der Grund für den Erfolg jenes Buches, dessen Titel *Heidis Lehr- und Wanderjahre* die Goethe-Verehrerin mit deutlichen Assoziationen an *Wilhelm Meister* gestaltet hatte? Mit dem Untertitel zeigte Spyri, dass *Heidi* nicht nur ein Kinder- und Jugendbuch sein sollte, wenn sie annoncierte:»Eine Geschichte für Kinder und auch für solche, welche die Kinder lieb haben« – eine bemerkenswerte Aussage für jemanden, der Kinder angeblich nicht sonderlich mochte.

Es erstaunt zwar immer wieder, dass ein kleines Mädchen, dessen Lebensinhalt Ziegen und Berge zu sein scheinen, seit weit mehr als 100 Jahren Kinder nicht nur in seiner Schweizer Heimat, sondern überall in der Welt verzaubert hat. Doch die Beschränkung auf die Attraktivität der Bergwelt, in der ein munteres Kind fröhlich über die Almwiesen hüpft, mit dem Geißenpeter herumtollt und das Herz des knorrigen Alpöhi erweicht, würde zu kurz greifen, denn Spyri geht es um Existenzielleres. *Das* Heidi – so die schweizerische Sprachform – ist ein Waisenkind, kränklich von klein auf, bei verschiedenen Familien aufgewachsen, ohne wirklich Zuneigung zu erfahren. Die findet sie erst beim Großvater auf der Alm, der – zunächst unwillig, sie aufzunehmen – ihr dann eine emotionale Heimat gibt, aber ebenso eine reale mit Bergen, Wiesen, Ziegen, Heuduft, köstlicher Milch und leckerem Käse. Und Menschen, um die sie sich kümmern kann mit ihrem guten Herzen. Umso größer ist ihr Entsetzen, als sie von ihrer Tante nach Frankfurt geschafft wird, um in einem reichen Hause der kranken Tochter Klara als Gesellschafterin zu dienen. Heidi fühlt sich eingesperrt in der Stadt, ihre Sehnsucht nach der Alm und dem Großvater lässt sie psychisch erkranken, und erst das Eingreifen eines verständnisvollen Arztes bringt sie wieder in die Berge zurück. Und die Natur heilt alles!

Sicherlich war der eindrucksvoll geschilderte Kontrast zwischen der naturnahen, gesunden Freiheit der Berge und der krankmachenden »Unfreiheit« der Stadt ein Grund für den Erfolg des Buches, der mit dafür sorgte, dass hier eine Art Schweizer Mythos entstand. Es ist der Mythos »Heidi«, der für die Freiheit in der Natur steht und der gewissermaßen konkurriert mit dem Mythos »Wilhelm Tell«, also der Freiheit im Staatswesen. Eine weitere Ursache für die Begeisterung des Publikums dürfte die Persönlichkeit Heidis sein, ihre Begabung, die Herzen ihrer Mitmenschen zu gewinnen und ohne aufdringliche Moralität Gutes zu tun, ihre Fröhlichkeit, ihre Fähigkeit, Glück im Einfachen zu finden,

Johanna Spyris Geburtshaus

und ihre Verbundenheit mit der Natur. Diese Motive sind weder zeitgebunden noch nationalspezifisch, und deshalb nimmt es nicht wunder, wenn das Buch im Laufe der Jahre in mehr als 50 Sprachen übersetzt wurde und Millionenauflagen erzielte.

1884 erlebt Johanna Spyri zwei Schicksalsschläge: Der schon lange sehr kranke Sohn stirbt, und dessen Tod greift den überarbeiteten Ehemann so stark an, dass ihn eine Kur nicht vor dem Tod rettet. Wie schon seit etlichen Jahren ist es das Schreiben, das Spyri über das Schlimmste hinweghilft. Sie muss jetzt ihr Leben neu ordnen, und da sie finanziell unabhängig ist, verreist sie viel und das meistens allein – für die damalige Zeit sehr ungewöhnlich. Ihr letztes Heim ist am Zeltweg in Zürich, wo schon Richard Wagner und Gottfried Keller wohnten. Am 7. Juli 1901 stirbt Johanna Spyri einsam nach schwerer Krankheit, während ganz Zürich ein fröhliches Sommerfest feiert, schreibt die *Neue Zürcher Zeitung* anlässlich des 100. Todestages der Schriftstellerin. In diesen hundert Jahren ist in Graubünden um den Ort Maienfeld herum eine eigene »Heidiwelt« entstanden mit Hotels, Geschäften und Souvenirangeboten, die der Tourismusindustrie das Geschöpf von Johanna Spyri besonders lieb und wertvoll machen.

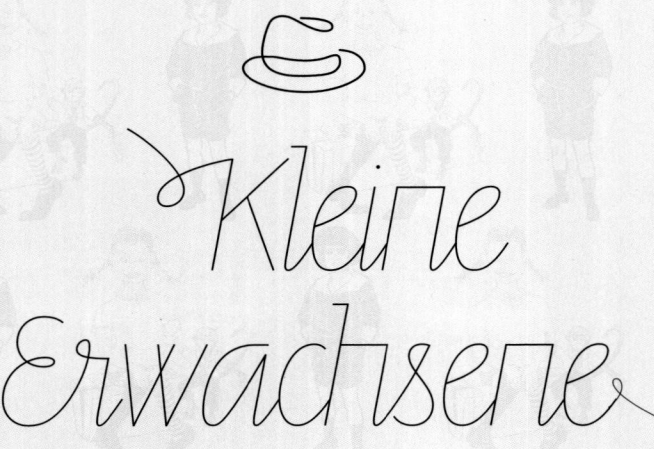

Kleine Erwachsene

»Hoch in den Bergen, weit von hier,
dort wohnt ein Büblein so wie ihr.
Das ist der Ursli, schaut ihn an,
ein Bergbub wie ein kleiner Mann.«

AUS: SELINA CHÖNZ, »SCHELLEN-URSLI«

Kinderbücher handeln von Kindern, Erwachsenenbücher handeln von Erwachsenen – sollte man meinen. Aber es gibt Kinder und Jugendliche, die reifer und vernünftiger sind als manch älterer Mensch. Und es gibt natürlich auch kindische beziehungsweise kindliche Erwachsene, aber um die soll es hier nicht gehen. Besonders beeindruckend ist es für jugendliche Leserinnen und Leser, wenn sie bei ihrer Lektüre Gleichaltrigen begegnen, die Taten vollbringen können, die sie selbst nicht zu leisten imstande sind – oder das zumindest glauben. Autorinnen, die über Heldinnen oder Helden schreiben, wollen zum einen Vorbilder schaffen, zum anderen aber das Abenteuerbedürfnis ihres Publikums befriedigen.

ERSTMALS ERSCHIENEN 1945 · SCHELLEN-URSLI ·

Selina
Chönz
1910–2000

nd so wie das vorherige Kapitel mit einer Schweizerin endete, soll dieses mit einem Schweizer beginnen, und wie das Heidi ist der Schellen-Ursli – ein Geschöpf von **Selina Chönz** (1910 – 2000) – bis heute in Schweizer Kinderstuben präsent. Diese Präsenz wirkt nicht selten in das Erwachsenenleben hinein, denn der Knabe Urs (rätoromanisch: Uorsin), vertraut neckend Ursli genannt, ist ebenfalls eine Ikone der schweizerischen Jugendliteratur. Er hat sich gewissermaßen als Kultfigur ins Bewusstsein seiner jungen Leserinnen und Leser »einschreiben« lassen, die ihn noch als Erwachsene bei Wanderungen zur Alp »mitnehmen«. Wie Heidi ist auch Ursli in Graubünden daheim; sein Heimatort ist genau lokalisierbar, denn mit ihrem Buch *Schellen-Ursli* hat die Autorin das hochgelegene Dorf

Guarda auf der literarischen Landkarte eingezeichnet. Selina Chönz, im Oberengadin als Tochter eines Deutschen und einer Schweizerin geboren, machte nach verschiedenen Auslandsreisen eine Ausbildung zur Montessori-Kindergärtnerin. Zuerst arbeitete sie im Engadin (Zuoz), ging dann aber bald nach Zürich, wo sie ihrerseits Kindergärtnerinnen ausbildete. Nach ihrer

Heirat hieß sie eigentlich Könz, signalisierte aber mit dem eher schweizerischen Ch-Laut Heimatverbundenheit. Mit ihrem Mann, dem Architekten Iachen Ulrich Könz, lebte sie in Guarda, wo er sein Büro hatte. Als Restaurator sah er es als Hauptaufgabe an, seinen Heimatort als »Gesamtkunstwerk« zu erneuern, was noch heutige Besucher begeistert. Ihr einziger Sohn, Steivan Liun, ein Fotograf und Graffiti-Künstler, dessen Werke im Engadin an vielen Hauswänden zu sehen sind, sollte eigentlich ein Mädchen werden und wurde als Junge von der Mutter nie wirklich akzeptiert – er litt bis zu seinem frühen Tod unter dieser Beziehung.

Ihre Arbeit mit Kindern und für diese ließ Chönz ein Kinderbuch schreiben mit dem knappen Titel *Schellen-Ursli*, das später in viele Sprachen übersetzt wurde. Es ist in einfachen, kindgerechten Versen abgefasst, wobei die farbigen Illustrationen von Alois Carigiet das Ihre zur Anschaulichkeit beitragen. Die Anfangsverse beziehen die Kinder gleich in die Welt des Ursli ein, wenn es

Dorfszenen in Guarda, dem Dorf des »Schellen-Ursli« in Engadin Scuol, Graubünden

heißt: *Hoch in den Bergen, weit von hier, dort wohnt ein Büblein so wie ihr. Das ist der Ursli, schaut ihn an, ein Bergbub wie ein kleiner Mann.*

Das Kind als kleiner Erwachsener ist der Held einer einfachen, aber vielleicht deshalb so bewegenden Geschichte. Am 1. März wird mit dem Bündner Brauch des Chalandamarz, bei dem Kinder Glocken läutend durchs Dorf ziehen, der Winter ausgetrieben. Die größte Glocke führt den Umzug an, die kleinste Schelle läuft am Schluss. Ursli hat nur eine kleine, möchte eine große und wagt sich durch den tiefen Schnee auf die Alp, um eine große Kuhglocke zu holen; er wagt und gewinnt. Sein Verschwinden bereitet den Eltern Sorge,

seine Rückkehr mit riesiger Glocke bereitet ihm Triumph. Die Geschichte ist schlicht und zeitlos, fast so wie die großen Epen, und das macht ihren Erfolg aus. Ein Mutiger sucht etwas einmalig Kostbares, überwindet alle Gefahren und triumphiert. Beim Erscheinen des Buches 1945 rühmten das die Pädagogen, 70 Jahre später monieren manche Didaktiker das Gewinnen-Wollen, die Leistungsorientiertheit und das

»Zuvorderst-Gehen«. Doch das ist menschlich, und das spüren und mögen die Kinder, denn sie brauchen zwar Moral, aber vor allem Märchen und Märchenhaftes. Und so bewahren sie dem Schellen-Ursli ihre Zuneigung.

ERSTMALS ERSCHIENEN 1886 · DER KLEINE LORD ·

Frances
Hodgson
Burnett

1849-1924

Es müssen nicht große, spektakuläre Taten sein, die Kinder vollbringen, um den Erwachsenen zu zeigen, dass sie manchmal mehr können als jene. Was Harry Potter am Ende des 20. Jahrhunderts ist, das war Cedric, der kleine Lord Fauntleroy, Ende des 19. – ein liebenswerter Knabe, der in gewisser Weise zaubern konnte. Während Harry mit Zauberei das Böse besiegen will, be- und verzauberte Cedric alle Menschen, denen er begegnete – vor allem seinen griesgrämig-kaltherzigen Großvater, den Earl of Dorincourt. **Frances Hodgson Burnett**, 1849 geboren, war die Schöpferin des kleinen Lords und die Bestsellerautorin ihrer Zeit. Zwar schrieb sie zugleich für Erwachsene, doch überdauert haben von ihren Werken zwei Kinderbücher: *Der kleine Lord* und *Der geheime Garten*.

Burnett, als Frances Hodgson in Manchester geboren, wuchs in einer wohlsituierten Familie auf, die aber nach dem Tode des Vaters zunehmend verarmte und einen sozialen Abstieg erlebte. Durch diese Erfahrungen entwickelte Frances ein ausgeprägtes soziales Bewusstsein, das sie später sogar mit einem Einstieg in die Politik liebäugeln ließ. Die Einladung eines in Knoxville, in den Südstaaten der USA lebenden Verwandten schien Besserung zu versprechen, doch die Familie Hodgson kam gewissermaßen vom Regen in die Traufe. Kurz zuvor hatte der Bürgerkrieg mit dem Sieg der Nordstaaten geendet, und die teilweise zerstörte Stadt war überlaufen von demobilisierten Soldaten und freigelassenen Sklaven, die Arbeit und Auskommen suchten, und deshalb fehlte die Möglichkeit, Geld zu verdienen. Zu den wenigen Vergnügungen gehörte die Lektüre eines *Journals für Ladies*, in dem vor allem Berichte über die aktuelle Mode und Erzählungen abgedruckt wurden. Und da der Herausgeber des Magazins immer wieder um Einsendungen von Geschichten bat, schickte Frances einen recht romantischen Text mit dem Titel *Hearts and Diamonds*, der 1886 angenommen und unerwartet generös honoriert wurde. Von nun an war Frances Schriftstellerin!

Sie belieferte jetzt mehrere verschiedene Magazine, und ihre wirtschaftliche Situation verbesserte sich zusehends. Nun nahm sie – nach langer Bedenkzeit – den Heiratsantrag des jungen Arztes Dr. Burnett an und zog nach Washington, D.C. Doch die Praxis florierte anfangs nicht wie erhofft, und die junge Familie – inzwischen waren zwei Söhne geboren – blieb auf die Honorare der Autorin Burnett angewiesen. Und die schrieb und schrieb, und das tat sie so intensiv, dass sie häufig gesundheitliche Probleme bekam. Innerhalb kurzer Zeit hatte sie mehrere Romane, viele Erzählungen und einige Theaterstücke verfasst, die das Vermögen mehrten, aber das eheliche Glück minderten. Zum Schreiben brauchte Burnett logischerweise Ruhe, die sie in der Abwesenheit von zu Hause

suchte – und vielleicht suchte sie dabei noch anderes. Später, als ihre Kinder groß sind, lässt sie sich scheiden. Anregungen von Schriftstellerkollegen, Verlegern und das Interesse ihrer Kinder an ihren Geschichten bringen sie dazu, endlich etwas für kleine Menschen zu schreiben. Und ihr erstes Kinderbuch hat einen Helden, dessen Vorbild bis an sein Lebensende damit leben und teilweise darunter leiden musste: Burnetts Sohn Vivian wurde in der literarischen Gestaltung seiner Mutter zum kleinen Lord Fauntleroy. Der Roman erschien 1886 und machte die Autorin von Stund an zu einer der beliebtesten, erfolgreichsten und wohlhabendsten Schriftstellerinnen ihrer Zeit. Die Geschichte rührt die Herzen und feuchtet die Augen, und das tut sie bis heute, wenn alle Jahre wieder zu Weihnachten der Film *Der kleine Lord* im Fernsehen läuft.

Cedric, der Sohn eines englischen Adeligen und einer Amerikanerin, wird von seinem Großvater, dem Earl of Dorincourt, nach England geholt, um als Lord erzogen zu werden und eines Tages das Erbe antreten zu können, da sein Vater starb. Seine Mutter darf mitkommen nach England, muss aber dem Schloss fernbleiben, weil der Earl Amerikanerinnen verachtet. Der junge Lord, zum »Anti-Monarchisten« von seinen amerikanischen Freunden erzogen, hält seinen hartherzigen Großvater, obwohl adelig, für einen guten, selbstlosen Menschen. Und das wird dieser am Ende auch durch die Zuneigung und Gutherzigkeit seines Enkels, der mehr Kraft beweist als viele Erwachsene.

Fast war es wie ein Märchen: Die völlig verarmte, zur Auswanderung gezwungene Sechzehnjährige kam als reiche Frau nach England zurück, und das gab Burnett die Möglichkeit, bei Verwandten, Freunden und Dorfbewohnern in ihrer Lieblingsrolle als »Fairy Queen« aufzutreten. Und da ihr Herz immer noch an englischer Lebensart und englischem Stil hing, mietete sie in Rolvenden, einem Dorf in Kent nahe Rye, das große, vornehme Herrenhaus Great Maytham Hall. Das Wichtigste aber an diesem Anwesen war der riesige Garten. In ihm gab es eine Art »secret garden«, einen ummauerten Rosengarten, der lange vernachlässigt worden war und den Burnett wieder zum Leben erweckte. Sinnigerweise wurde sie bei ihrer mit Eifer betriebenen Gartenarbeit häufig von einem Rotkehlchen begleitet – und damit waren die wesentlichen Inspirationselemente für das Buch *Der geheime Garten* (1911) beisammen. Eigentlich hatte die Autorin diesen Roman für ältere Leser bestimmt, doch selbst wenn viele Erwachsene das Buch lasen – seine fast zeitlose Bedeutung und Nachwirkung entfaltete der »ge-

heime Garten« für Kinder. Denn er ist eine abgeschlossene, eigene Welt, die nur den jungen Menschen gehört und zu der Erwachsene keinen Zutritt haben – es sei denn, sie machen die Gartenpflege.

Anders als die Helden in ihren Büchern erlebte Frances Hodgson Burnett kaum ein Happy End, und das obwohl – oder genauer: weil – sie erneut geheiratet hatte. Die zweite Ehe war ein Alptraum! Der jüngere Ehemann betrachtete sie, vor allem aber ihr Vermögen, als seinen alleinigen Besitz, und er setzte sie so sehr unter Druck, dass sie sich den Tod

Szene aus dem bis heute jährlich gezeigten Fernsehfilm »Little Lord Fauntleroy« (deutsch: Der kleine Lord) aus dem Jahr 1980 mit Ricky Schroder und Alec Guinness

wünschte. Nach einem Nervenzusammenbruch erklärte sie ihre Ehe für beendet, nahm die amerikanische Staatsbürgerschaft an und kam nur noch selten auf die Insel. Auf Long Island nahe New York kaufte sie ein großes Anwesen, ließ ein großes Haus bauen und einen riesigen Garten anlegen. Ihre Leidenschaft für das Hortikultürliche fasste Frances Hodgson Burnett in die Aussage, solange man einen Garten habe, habe man eine Zukunft, und solange man eine Zukunft habe, sei man lebendig. Ihr Gärtner-Optimismus half leider nicht gegen eine schwere Krankheit, an der sie 1924 starb.

ERSTMALS ERSCHIENEN 1908 · ANNE AUF GREEN GABLES ·

Lucy Maud
Montgomery

1874-1942

*E*s könnte ein Märchen sein oder ein Trivialroman: Eine junge, unbemittelte Halbwaise, in beengten Verhältnissen aufwachsend, wird zu einer Bestsellerautorin nicht nur in ihrem Heimatland Kanada, sondern in vielen Ländern weltweit. Doch es ist Wirklichkeit, allerdings ohne richtiges Happy End. **Lucy Maud Montgomery** wird 1874 auf Prince Edward Island im Osten Kanadas als Abkömmling schottischer Einwanderer geboren. Bald stirbt die Mutter, und der Vater lässt sein Kind bei den Großeltern in dem recht einsam gelegenen Ort zurück. Diese ländliche Idylle ist gewissermaßen der »Kern« des Schaffens von Montgomery, die mit dem Schreiben schon früh beginnt. Maud ist eine sehr gute und fleißige Schülerin, und wenn sie ein Junge wäre, würde ihr Großvater eine universitäre Ausbildung finanzieren. Doch für ein Mädchen und dessen Ehrgeiz hat er nur Sarkasmus übrig; glücklicherweise ist die Großmutter auf Mauds Seite und unterstützt sie dabei, die Studiengebühren selbst zu verdienen, damit Maud später als Lehrerin arbeiten kann. Als der Großvater stirbt, kehrt die dankbare Enkelin nach Hause zurück. Obendrein hat sie die Möglichkeit, in Ruhe zu schreiben, wobei sie die Tatsache als Inspirationsquelle nutzt, dass im Hause der Großmutter die Poststation liegt, die fast alle Dorfbewohner regelmäßig aufsuchen und mit reichlich Klatsch für Informationen sorgen.

Das Zurückgewiesensein als Mädchen und junge Frau, die Selbstverständlichkeit, mit der alle Jungen und Männer der Verwandtschaft sie als »Dienstboten« betrachteten, war für Montgomery eine der prägendsten Erfahrungen ihres Lebens. Und in ihrem ersten Roman, der gleich ein Bestseller wurde, ist dieses Trauma an verschiedenen Stellen erkennbar. *Anne auf Green Gables* (1908) ist die Geschichte eines Mädchens, das in den ersten elf Jahren ihres Lebens kein Zuhause fand und herumgestoßen wurde. Umso glücklicher ist die kleine Anne Shirley, als sie erfährt, dass Pflegeeltern sie aufnehmen wollen. Diese allerdings – ein älteres Geschwisterpaar – hatten einen Jungen »bestellt« zur Hilfe auf der Farm und wollten das Mädchen eigentlich zurückschicken. Doch die offenherzige, fantasievolle, liebebedürftige, hochintelligente Anne gewinnt die Herzen der Geschwister. Anne agiert selbstständig, manchmal etwas altklug, immer aber mitfühlend und ist trotz ihrer Jugend eine verständige »Fast-Erwachsene«.

Da Montgomerys erstes Buch so ungeheuer erfolgreich war, drängte der Verleger sie zu mehreren Folgebänden, bei der Vertragsgestaltung die Unerfahrenheit der jungen Autorin ausnutzend. Sie brauchte viele Jahre und viele

ANNE of
GREEN GABLES
BY
L. M. MONTGOMERY

Prozesse, bis sie ihr Recht und ihre Honorare bekam. Dennoch entwickelte sich ihre Karriere stetig, und sie wurde eine Person des öffentlichen Lebens, die viele Einladungen erhielt zu Vorträgen und Lesungen. Sie hatte zahlreiche hochgestellte Persönlichkeiten als »Fans«, die eine »Audienz« erbaten, wenn sie in Kanada waren. Dazu gehörten der britische Premierminister Stanley Baldwin oder der britische König George VI. mit Queen Mum.

Montgomery fand durch Ehren, Erfolge und finanziellen Wohlstand die Erfüllung fast aller Wünsche, doch ihr wichtigster blieb lange unerfüllt: Erst 1911 heiratete sie. Ihr Mann war Geistlicher, und sie übernahm die üblichen, natürlich unbezahlten Pflichten einer Pfarrersfrau im Dienste der Gemeinde. Zum Befremden des Ehemanns aber bestand sie auf Gütertrennung, so dass er nicht – wie damals üblich – Zugriff auf ihr Vermögen hatte. Dem Paar wurden zwei Söhne geboren, die beide eine universitäre Ausbildung erhielten. Während der eine ein erfolgreicher Mediziner wurde, machte der andere nur Sorgen. Der

Megan Follows als Anne auf Green Gables, Fernsehserie aus dem Jahr 1985

Ehemann litt schon lange unter Depressionen, und auch Montgomery wurde krank. Sie starb 1942, möglicherweise nach der Einnahme einer Überdosis. Prince Edward Island, der Ort ihrer Jugend und zugleich der Schauplatz ihrer Bücher, wird ein Anziehungspunkt für Touristen aus aller Welt.

ERSTMALS ERSCHIENEN 1945 · PIPPI LANGSTRUMPF ·

Astrid
Lindgren

1907-2002

Wer auf dem Lande aufwuchs oder zumindest in einer kleinen Stadt, die umgeben ist von Wald, Wiesen und Bauernhöfen, wo man überall spielen konnte, Beeren und Pilze sammelte, Kühe in den Stall trieb, friedliche Pferde ohne Sattel ritt und bei der Kartoffelernte half, der kann die Freuden der Kindheit nachempfinden, die **Astrid Lindgren** in vielen ihrer Bücher beschreibt. Lindgren, als Astrid Ericsson 1907 auf einem Bauernhof nahe dem Städtchen Vimmerby im Westen Schwedens geboren, erlebte mit drei Geschwistern in einer liebevoll miteinander umgehenden Familie eine harmonische Kindheit und Jugend. Die Kinder sind mehr draußen als drinnen, spielen so viel sie können, müssen mit anpacken – und werden auf eine nahezu unbeschwerte Zeit zurückblicken. Astrid Lindgren wird später sagen, dass in ihrer Familie zwei Prinzipien für den Umgang mit ihr und den Geschwistern galten – Freiheit und Geborgenheit. Und diese Prinzipien vertritt sie energisch im Laufe ihres langen Lebens in Romanen, Zeitungsartikeln, Märchen und in vielen Briefen und manchen Reden, wobei ihr das Fehlen von Geborgenheit, von Sicherheit als die folgenschwerste Beeinträchtigung für die Entwicklung eines Kindes erschien.

Eine glückliche Kindheit macht stark, und eine solche Stärke brauchte nicht nur die junge Astrid Ericsson, sondern genauso die ältere Astrid Lindgren. Die junge Astrid fand nach der Schule eine Anstellung bei der Lokalzeitung ihres Heimatortes und entwickelte sich zu einer erfolgreichen Journalistin, doch dann wurde sie schwanger vom Chefredakteur – in der damaligen Zeit eine soziale Katastrophe. Der Kindsvater wollte sie heiraten, allerdings zugleich über ihr Leben bestimmen, und da sie in der Ehe wohl Geborgenheit, aber keine Freiheit erfahren hätte, lehnte sie ab. Den Sohn brachte sie in Kopenhagen zur Welt, wo damals anonyme Geburten möglich waren, gab ihn in Pflege, bis sie ihn nach drei Jahren endlich zu sich holen konnte. Sorge, Sehnsucht, Schuldgefühle und Liebe bestimmten nicht nur während dieser Zeit ihre Existenz, sondern beeinflussten ihr lebenslanges Eintreten für Kinder und deren Glück.

Noch als Schülerin hatte Lindgren – wegen ihrer guten Aufsätze zur künftigen Selma Lagerlöf von Vimmerby erklärt – beschlossen, sie würde nie eine Schriftstellerin werden, weshalb sie nach ihrer Ausbildung zur Kontoristin verschiedene Sekretariatsarbeiten übernahm. Allerdings war die Bezahlung völlig unzureichend, und ohne die »Fresspakete« von den Eltern wäre der Hunger noch sehr viel schlimmer gewesen. Diese Erfahrungen wird Lindgren ebenfalls nie vergessen, und als sie zu Wohlstand kommt, hilft sie in überreichem Maße

Menschen in Not. Während ihrer Anstellung beim schwedischen Automobilclub lernt sie den Büroleiter Sture Lindgren näher kennen, dann lieben und heiratet ihn bald. 1934 wird ihr zweites Kind, eine Tochter, geboren.

Nach der Heirat arbeitet Astrid Lindgren weiter und bewältigt dabei Beruf, Familie und Haushalt gleichermaßen. Beschäftigung findet sie unter anderem bei einem Kriminologen, und die dort gewonnenen Kenntnisse werden später für die Romane um den »Meisterdetektiv« Kalle Blomquist genutzt. Während des Zweiten Weltkrieges, in dem Schweden zwar neutral bleibt, aber voller Sorge vor einer deutschen Invasion in »Bereitschaft« steht, hat Lindgren eine Vertrauensstellung bei der Postzensur des Geheimdienstes. Dadurch erhält sie Einblick nicht nur in das militärische Geschehen, sondern überdies in das Leben der Zivilbevölkerung in Europa, und so erfährt sie von dem schrecklichen Schicksal der Juden. Sie beginnt ein Tagebuch zu führen, weil sie sich später noch an alles erinnern möchte. Zugleich aber geben die Aufzeichnungen ihr eine Möglichkeit, Trauer und Melancholie dem einzigen Menschen mitzuteilen, dem gegenüber sie völlig offen ist – sich selbst.

In diese Zeit fällt außerdem die »Geburt« jenes literarischen Lebewesens, das den meisten Lesern zuerst einfällt, wenn sie den Namen Astrid Lindgren hören. Als ihre Tochter krank im Bett liegt, erzählt Lindgren ihr von dem Mädchen Pippi Langstrumpf, und die kindliche Begeisterung ist so groß, dass Lindgren die Erzählungen niederschreibt. Inzwischen ist sie ihrem jugendlichen Schwur untreu geworden und verfasst Märchen und andere kurze Texte für Zeitungen, denn zusätzliche Honorare sind in der kleinen Familie immer willkommen. Da »Pippi« bei den Kindern so positiv aufgenommen worden war, schickt Lindgren das Manuskript an einen großen Verlag in Stockholm; sie muss lange auf eine Reaktion warten – es ist die befürchtete Ablehnung. Wie der Verleger Bonnier später fast verlegen erklärt, war ihm als Vater das Mädchen Pippi einfach zu unerzogen. Im Nachhinein dürfte er sich über die Absage an eine künftige Bestsellerautorin (weltweite Auflage zirka 150 Millionen) genauso geärgert haben wie jene englischen Verleger, die später J. K. Rowling die kalte Schulter zeigen.

Pippi Langstrumpf ist wohl das exzentrischste Kind der Literatur: anarchisch, hilfsbereit, freundlich, wehrhaft, stark, rebellisch, aber auch traurig und einsam. Millionen Kinder wünschen zuweilen, so sein zu dürfen wie Pippilotta Viktualia Rollgardina Pfefferminz Efraimstochter oder zumindest eine wie sie in der Klasse zu haben, denn sie wäre ein Garant dafür, langweilige Stunden in

lustige zu verwandeln. Dies vermutlich ein Wunsch, den Lehrer und Lehrerinnen nur bedingt teilen! Pippi lebt mit einem Affen und einem Pferd in der Villa
Kunterbunt, sehnt sich nach ihrer verstorbenen Mutter im Himmel und nach
ihrem Vater, dem König in der Südsee. Sie hat eine Kiste voll Gold, kann ki-
loweise Süßigkeiten kaufen, geht kaum zur Schule, nervt die Lehrerin, stemmt
Pferde und Polizisten, hat aber treue Freunde, die als »normale« Kinder die
Exotik ihrer Gefährtin bewundern. Pippi ist ein Kind, aber mit der Selbstständigkeit und der Nachdenklichkeit eines Erwachsenen, und sie kann insofern in
mancher Hinsicht (aber nur in mancher) ein Vorbild sein.

Ein Vorbild für viele Schweden und zunehmend für Menschen in anderen
Ländern wurde aber Astrid Lindgren, und das nicht nur durch ihre Bücher, die
seit den 1950er Jahren in großer Anzahl erschienen, sondern ebenso durch ihr
wachsendes Engagement für die Rechte von Kindern und ihre darüber hin-
ausgehenden politischen Aktivitäten. In jedem Jahr erschienen häufig mehrere
Bücher für junge Menschen, und mit zunehmendem Erfolg gab es Filme, Theaterstücke, Hörspiele und anderes, was Lindgren zu wachsendem Wohlstand
verhalf. Sie war nicht nur Schriftstellerin, sondern anders als der »arme Poet«
eine sehr gute Geschäftsfrau; bei Verhandlungen erwarteten manche Partner
eine unerfahrene Frau vom Lande und trafen dann zu ihrem Erstaunen auf eine
elegante und in finanziellen Fragen versierte Dame.

Dennoch: Astrid Lindgren lebte durchaus bescheiden, brauchte keine Sta-
tussymbole, wohnte 40 Jahre in derselben, nicht sonderlich luxuriösen Wohnung im Zentrum Stock-
holms, gab aber
große Summen
für wohltätige
Zwecke aus.

Wegen ihres hohen Einkommens hatte sie extrem hohe Steuern zu entrich-
ten, was sie als überzeugte Sozialdemokratin, die das schwedische »Volksheim«
unterstützte, auch tat. Doch nach einem neuen, nicht sehr sorgfältig abgefass-
ten Gesetz musste sie 1976 feststellen, dass ihre Steuerschuld 102 Prozent ihres
Einkommens betrug, und das war ihr verständlicherweise zu viel, viel zu viel!
In einer Tageszeitung veröffentlichte sie das Märchen von der Hexe Pomperi-
possa, die feststellt, dass sich das Schreiben nicht mehr lohnt und es profitabler
sei, künftig zu betteln, um sich ein Werkzeug zum Aufbrechen der Staatskassen
leisten zu können. Lindgren wurde von der Autorin für Kinder zur Agitatorin
für jene Landsleute, die sich vom Staat aufs Äußerste geschröpft fühlten. Und
da der Finanzminister sie überheblich zurechtwies, legte sie mit verschiedenen
Artikeln und Interviews nach. Lindgren war so erfolgreich, dass Olof Palme
und die Sozialdemokraten die nächsten Parlamentswahlen verloren!

In derartigen Aktivitäten zeigten sich wesentliche Charaktereigenschaften
der Schwedin. Sie war selbstbewusst und uneitel, empathisch und bescheiden,
vor allem aber hatte sie Humor und konnte über sich selbst lachen. Sogar in
ihren eher traurigen Büchern wird auf eine humorvolle Betrachtungsweise der
Welt nicht verzichtet. Die Zahl der literarischen Geschöpfe von Lindgren ist
überwältigend groß, und es sind Jungen wie Mädchen, kleine und große Kinder,
meistens solche, die vernünftiger sind als Erwachsene, nicht selten aber sind
sie einsam, denn Einsamkeit – so die Autorin – ist ein wesentliches Merkmal
menschlicher Existenz, aus dessen Erkenntnis man aber Kraft und Stärke gewinnen kann. Es gibt kaum eine Kinderbuchautorin, die eine derartige Vielfalt
an literarischen Figuren geschaffen hat wie Lindgren. Das dürfte ihren Erfolg
bei den jungen Menschen in aller Welt begründen, denn jedes Kind findet bei
ihr einen möglichen Gefährten, vielleicht sogar eine Art »Identifikationsange-
bot«. Da ist der traurige Knabe in »Mio mein Mio«, die resolute Räubertochter
Ronja oder das herzensgute Geschwisterpaar in »Die Brüder Löwenherz«. Am
meisten geliebt aber wird – nicht nur von Kindern – wohl die Welt in und um
»Bullerbü«, die schwedische Idylle mit den Blondschöpfen (die rothaarige Pippi ausgenommen), die in einem kleinen Ort, in der Natur glücklich sind.

Glück in der Natur und Einsamkeit waren auch für Astrid Lindgren wichtige Erfahrungen, ohne deshalb in Melancholie zu versinken, denn sie war inzwischen so sehr eine Person des öffentlichen Lebens geworden, dass sie wenn
möglich das Alleinsein genoss. Zahllose Verpflichtungen verlangten von ihr
offizielle Auftritte, seien es Buchvorstellungen oder Preisverleihungen. Unter

den vielen Auszeichnungen, die sie erhielt, war auch der Friedenspreis des deutschen Buchhandels 1978, einer der bedeutendsten Ehrungen für Schriftsteller. Für die Feier in der Frankfurter Paulskirche hatte sie eine Rede vorbereitet, die man seitens der Jury ablehnte. Doch das Gremium kannte Astrid Lindgren schlecht: Von ihr vor die Wahl gestellt, entweder die Ansprache oder nichts, musste man die zu Ehrende zähneknirschend reden lassen. Und diese tat es eindrucksvoll mit dem Thema, das ihr ein besonderes Anliegen war: Niemals Gewalt!

Als Astrid Lindgren 2002 stirbt, trauern nicht nur Schweden, sondern Menschen überall auf der Welt, denen sie ein eigenes Kinderreich schuf. Ein langer Trauerzug, auf dem nach alter Sitte ein weißes Pferd mitgeführt wird, begleitet den Sarg durch die Stadt. Und die Trauerfeier im Stockholmer Dom, an der das schwedische Königshaus und die schwedische Regierung teilnehmen, hat den Charakter eines »Staatsbegräbnisses«, doch Musik und Reden nehmen dem Anlass ein wenig von seinem Ernst. Nach ihrem Tod werden viele Schulen nach ihr benannt – in Deutschland sind es weit über 100 –, und diese sorgen dafür, dass Kinder im Geiste der Namenspatronin ohne Gewalt erzogen werden.

ERSTMALS ERSCHIENEN 1971 · ALS HITLER DAS ROSA KANINCHEN STAHL

Judith
Kerr
1923-2019

Die Bedeutung einer Autorin lässt sich zuweilen an ihrer Aufnahme in den schulischen Lektürekanon erkennen, und so ist – nicht nur unter dieser Prämisse – **Judith Kerr** eine besondere Schriftstellerin, denn vor allem eines ihrer Bücher steht auf den Deutschlehrplänen vieler Bundesländer. Der Roman *Als Hitler das rosa Kaninchen stahl* ist trotz des scheinbar humorigen Titels die Geschichte des schwierigen und entbehrungsreichen Lebens der Familie Kerr nach ihrer Flucht aus Deutschland 1933.

Judith Kerr, 1923 in Berlin geboren, hatte in den ersten zehn Jahren ihres Lebens eine sehr behütete und privilegierte Kindheit. Später wird sie sagen, dass diese Welt mit einem Schlage verschwand, als sie neun Jahre alt war. Ihr Vater, der berühmte Theaterkritiker Alfred Kerr, unterhielt in der Grunewald-Villa ein offenes Haus, in dem die kulturelle Prominenz der damaligen Zeit zu Gast war. Zu seinen Freunden gehörten Albert Einstein oder Gerhart Hauptmann, zu seinen Feinden die Nationalsozialisten, die er lange und vergebens bekämpft hatte, die ihn, den jüdischen Schriftsteller, deshalb schon vor 1933 bedrohten und danach seine Bücher verbrannten. Die beiden ehemaligen Villen der Familie tragen eine Erinnerungsta-

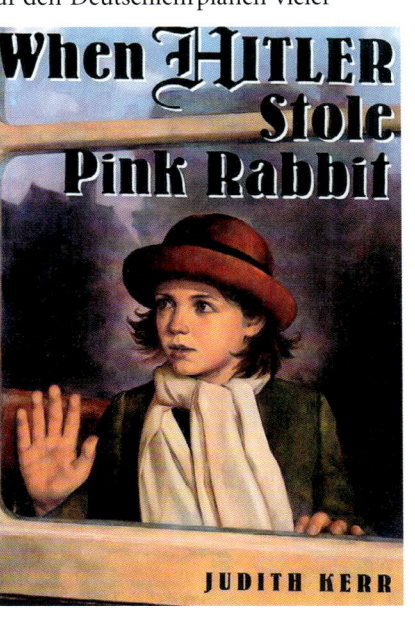

1971 erschien »When Hitler Stole Pink Rabbit«, der erste Band von Kerrs auf Englisch verfasster Trilogie »Out of the Hitler Time«. Es folgten bis 1978 »Bombs On Aunt Dainty« und »A Small Person Far Away«.

fel an den Schriftsteller, doch heute denken vor allem junge Menschen eher an seine Tochter Judith. Diese beschreibt in ihrem autobiografischen Roman das Schicksal von Flüchtlingen in der Nazizeit aus der Perspektive eines Kindes, das zwar nicht alles versteht, was geschieht, das Geschehen aber mit fast erwachsener Attitüde zu bewältigen versucht. Kerr verfasste das Buch zum einen für ihre Kinder, um denen die Familiengeschichte näherzubringen, andererseits aber auch – so in einem Interview – mit der Intention, Flucht, Exil und Verfolgung durch die Nazis vielen Kindern mit einer Erzählung zugänglicher zu machen.

Familie Kerr konnte 1933 gerade noch im letzten Augenblick fliehen. Alfred Kerr war gewarnt worden, dass man seinen Pass einziehen wollte, und so reiste er Hals über Kopf ins Ausland mit dem Ziel Schweiz, wohin ihm Frau und Kinder bald folgten. In Zürich hoffte er, als Meister der deutschen Sprache und Theaterexperte ein Auskommen für sich und die Familie zu finden. Für Judith und ihren älteren Bruder Michael war alles ein großes Abenteuer, wie nicht nur sie in ihrem Roman, sondern er in seinen Erinnerungen *As far as I remember* schreibt. Die Kinder gehen auf eine Schule in einem Dorf nahe Zürich, lernen Schwyzerdütsch und Jodeln und werden bald als Spielgefährten akzeptiert. Von den finanziellen Schwierigkeiten der Eltern bekommen sie kaum etwas mit; nur die Tatsache, dass sie keine richtige Geburtstagsfeier wie sonst haben kann, bekümmert die Tochter. Zum Trost schenken ihr die Eltern das neueste Buch ihrer Lieblingsautorin Else Ury, die Judith und ihre Klassenkameradinnen in Berlin begeistert lasen. Dann zwingen die eidgenössischen Vorbehalte gegen jüdische Flüchtlinge aus Furcht vor Repressalien des NS-Regimes zur Weiterreise nach Paris.

Judith Kerr mit ihrem Vater
Alfred Kerr, 1932

In Frankreich gilt es zuerst, eine gute Schule für die Kinder zu finden, und das Problem lässt sich leichter lösen als die Sorge des Vaters, Geld zu verdienen. Die Geschwister werden an verschiedenen Instituten eingeschult und sprechen bald nahezu perfekt Französisch, doch man lebt unter sehr bedrängten Verhältnissen und hofft auf ein Wunder. Dieses ereignet sich in Gestalt eines Briefes des Filmproduzenten Alexander Korda, der ein Drehbuch von Kerr kaufen will. Das finanzielle Angebot ermöglicht der Familie, nach London überzusiedeln und dort zeitweise wenigstens geringe Einkünfte zu haben. Nicht selten sind die Eltern völlig verzweifelt, doch die Kinder bemühen sich, den Lebenswillen für alle zu erhalten. Dann kommt der Krieg, die Familie wird ausgebombt, und Judith »jobbt« nun ihrerseits für den Familienunterhalt.

Nach dem Krieg beginnt Judith als Zeichnerin zu arbeiten, und durch die Begegnung mit Nigel Kneale, einem bedeutenden TV- und Filmautor, erhält sie einen Job bei der BBC. Nach der Heirat mit Kneale und der Geburt der Kinder bleibt sie vorerst zu Hause. Wie bei anderen Autorinnen ist der Nachwuchs der erste Adressat erzählter Geschichten, und aus diesen wird – illustriert mit einfühlsamen Zeichnungen – der Bestseller *Ein Tiger kommt zum Tee* mit einer lieben, aber gefräßigen Raubkatze. Als die Kinder größer werden, wollen sie mehr erfahren über das Leben der Mutter, und so schreibt Judith Kerr 1971 über das rosarote Kaninchen als Symbol für alles, was wichtig war in ihrer Kindheit und was ihr von den Nazis durch die erzwungene Flucht gestohlen wurde.

Berliner Wohnhaus der Familie Kerr 1921 bis 1929, Höhmannstraße 6

Als ihr Mann 2006 stirbt, braucht es eine längere Zeit, bis ihr die Arbeit wieder Trost spendet. Und tröstlich ist ein besonderes Buch von ihr, in dem sie unter dem Titel *My Henry* fantasievolle Abenteuer mit ihrem Mann beschreibt, womit sie versucht, durch die lebhafte Erinnerung die Trauer zu überwinden. Auf dem Eingangsbild des Buches sieht man eine ältere Lady, die scheinbar nur auf den Tee wartet, aber in ihrer lebendigen Fantasie passieren die wildesten Dinge wie Ritte auf einem Einhorn oder einem Dinosaurier und eine Party im Land der Pharaonen – alles zusammen mit ihrem Henry. Und da Kerr einmal in einem Interview sagte, dass ihre Bücher autobiografische Bezüge hätten, glaubt man jetzt zu wissen, wie es der älteren, verwitweten Dame ging, die in dem grün berankten Haus im Südwesten Londons nahe der Themse lebte. Im Mai 2019 stirbt Judith Kerr, drei Wochen vor ihrem 96. Geburtstag. Fast bis zuletzt arbeitete sie an einem Buch.

ERSTMALS ERSCHIENEN 1972 · WIR PFEIFEN AUF DEN GURKENKÖNIG

Christine Nöstlinger

1936-2018

Während Judith Kerr vor allem »Bilderbücher« für Kinder gestaltete und die Romane eher ein »Zwischenspiel« in ihrem Schaffen waren, wollte die Österreicherin **Christine Nöstlinger** am Anfang ihrer Karriere ein »Bilderbuch« machen, doch es wurde ein Roman, und beim Romanschreiben blieb sie.

In Wien 1936 kurz vor dem »Anschluss« Österreichs, der Annexion des Landes durch die Nationalsozialisten, geboren, erlebt Nöstlinger den Krieg und die Nachkriegszeit sehr nah. Der Vater kommt schwerverletzt aus dem Krieg und kann kaum noch Geld verdienen, die Mutter arbeitet als Kindergärtnerin, doch trotz aller Sparsamkeit fühlen sich die Kinder doch irgendwie verwöhnt. Das mag vielleicht daran liegen, dass Nöstlinger und ihre Schwester außerordentlich frei und liebevoll erzogen werden und immer Rückhalt bei den Eltern finden. Diese sind der Sozialdemokratie verbunden, und Christine Nöstlinger bezeichnete sich ebenfalls immer als engagierte Wählerin der SPÖ.

Nach der Matura studiert sie an der Akademie für angewandte Kunst und arbeitet anschließend als Designerin. Sie hat einen großen Freundeskreis, viele Verehrer und wird ungeplant schwanger in einer Zeit, in der Verhütung noch kaum ein Thema ist. Üblicherweise heiratet man dann sofort, so auch sie, aber sehr bald lässt sie sich wieder scheiden. In der zweiten Ehe war eine Schwangerschaft ebenfalls heiratsstiftend, wie man den Erinnerungen von Nöstlinger entnehmen kann. Über diese Ehe sagt sie später, man sei sich immer »sozial« treu gewesen, aber jeder habe mehr oder minder für sich gelebt. Sie selbst fühlte sich in der »Hausfrauenfalle« gefangen, da sie die Verantwortung für Kinder und Haushalt und nicht selten auch für das Wohlergehen des Mannes hatte, der sich um nichts kümmerte. Anders als erhofft, konnte sie nicht die emanzipierte Existenz leben, die sie sich für ihre Zukunft vorgestellt hatte, und so überlegte sie, welche Arbeit sie als »Heimarbeit« machen könnte.

Aus Erzählungen für ihre Tochter wurde die Idee für ihr erstes Buch, *Die feuerrote Friederike* (1970); für jemanden, der wie Nöstlinger nicht viel von Fantasy hält, ist das Buch recht fantastisch. Immerhin kann die Heldin fliegen und viel Erstaunliches tun, und das muss sie auch, denn in der Schule wird sie nicht nett behandelt. Zu Nöstlingers großer Erleichterung nimmt ein Verleger das Buch an, und wie sie später sagt, sei das ihre Rettung gewesen. Fortan ist sie eine Kinderbuchautorin, und zwar eine außerordentlich fleißige mit nur noch geringen finanziellen Sorgen – eine gänzlich neue Erfahrung.

Sie schreibt nicht nur Bücher, sondern parallel Zeitungskolumnen, TV-

Die Österreicherin Christine Nöstlinger zählt mit über
100 Büchern zu den bekanntesten Kinderbuchautorinnen
des deutschen Sprachraums.

Drehbücher, Rundfunk-Features und vieles mehr. Die Familie ist in eine größere Wohnung gezogen, und Nöstlinger hat drei Schreibtische in Benutzung,
um die jeweiligen Aufgaben besser auseinanderhalten zu können. Jedes Jahr
veröffentlicht sie mindestens ein Buch, und sie hält den Verlagen, die sie seinerzeit aufnahmen, die Treue, selbst wenn andere vielleicht mehr zahlen würden.
Im Laufe der Jahre entstehen weit über 100 Bücher, die in viele Sprachen übersetzt werden, und Nöstlinger gewinnt zahlreiche Preise. Besonders wichtig ist
ihr der »Astrid Lindgren Memorial Award«, den sie 2003 erhält. Mit Lindgren
war sie gut bekannt, deren Tochter übersetzt Nöstlingers Bücher ins Schwedische, und beide Autorinnen präsentierten ähnliche, das heißt unangepasste
Heldinnen und Helden, und sie waren auch ihrerseits durchaus unangepasst.

Die jungen Menschen in ihren Büchern sind so anders, als man es bis in die 70er Jahre gewohnt war; sie sind aufmüpfig, selbstständig, kritisch, nicht selten erwachsener als ihre Eltern und auf der Suche nach einem unabhängigen Ich. Das brachte frischen Wind in die »Kinderbuchszene« und manche Kritik an Nöstlinger aus konservativen Kreisen. Es war der Beginn der »antiautoritären Erziehung«, und die Autorin mittendrin. In einem Interview berichtete sie, dass es Bibliothekarinnen gab, die ihre Bücher in den Giftschrank täten, weil diese jugendverderblich seien. Die Giftschrankhüterinnen hätten heute Probleme, denn Christine Nöstlinger steht schon seit etlichen Jahren auf den schulischen Lehrplänen.

Zumindest die Heldinnen und Helden ihrer Bücher bewältigen ihr Leben – mehr oder minder. *Gretchen Sackmeier* emanzipiert sich zusammen mit der Mutter von Vater und Bruder sowie von den Vorstellungen, wie ein Mädchen auszusehen habe und dass ein guter Freund nicht immer der gut aussehende sein muss. Eine der Schullektüren ist zum Beispiel der Roman mit dem schrillen Titel *Wir pfeifen auf den Gurkenkönig*. Ein seltsames Wesen, angeblich ein von seinen Untertanen verjagter König, hässlich, egoistisch, manipulativ und ekelhaft, nistet sich bei einer Familie ein, die nicht in der Lage ist, ihn vor die Tür zu setzen. Die Hilflosigkeit einfacher Menschen gegenüber brutaler Pseudomacht erinnert an Historisches. Nicht der Vater schafft es, die Familie von dem Tyrannen zu befreien, sondern der jüngere Bruder des Erzählers – erwachsener als die Erwachsenen.

Nöstlinger hat viele Schicksalsschläge erlebt, vom Tod des Ehemanns bis hin zu mehreren eigenen Krebserkrankungen. Doch unglücklich sei sie nicht, sagte sie in einem Interview, sie sei vielmehr heiterer Pessimist. Und wohl auch deshalb hat sie ihre Erinnerungen genannt: *Glück ist was für Augenblicke*. Ihre Bücher aber werden vielleicht für die Lesenden länger Glück bereithalten.

Christine Nöstlinger stirbt im Juli 2018. Der ORF ändert sein Programm, und der Wiener Bezirk Hernals ändert den Namen eines Parks in Nöstlinger-Park zur Erinnerung an die gebürtige Hernalserin.

Ungewöhnliche Abenteuer

»Und die Wildgänse ziehen
anmutig am Firmament entlang.
In hohen Höhen erhaben
über Schweden.«

AUS: SELMA LAGERLÖF, »NILS HOLGERSSONS
WUNDERBARE REISE MIT DEN WILDGÄNSEN«

Abenteurer reisen in ferne Länder, haben aufregende Erlebnisse, kämpfen mit wilden Tieren und noch wilderen Völkern und kommen zurück mit Trophäen und Texten, aus denen sie Abenteuerbücher für abenteuerlustige Knaben fabrizieren. So dachten Verleger im 19. Jahrhundert, die auf hohe Auflagen und noch höhere Gewinne hofften. Deshalb war ein Autor wie Karl May, anscheinend weit gereist durch Wüsten und Savannen, der Garant für die Erfüllung von Verlegerwünschen. Natürlich konnte nur ein Mann derartige Reisen unternehmen und darüber schreiben. Und natürlich konnte eine Frau weder solche Abenteuerreisen unternehmen noch diese literarisch verarbeiten. Karl Mays Abenteuer aber waren völlig fiktiv, er war weder in Amerika noch auf dem Balkan gewesen, und natürlich konnte auch eine Frau mit Fantasie die tollsten Weltreisen erfinden.

ERSTMALS ERSCHIENEN 1881 · AUF DEM KRIEGSPFADE ·

Sophie
Wörishöffer
1838-1890

Ein solcher weiblicher Karl May war **Sophie Wörishöffer**, 1838 als Sophie Andresen im holsteinischen Pinneberg nördlich von Hamburg geboren. Ihre Mutter war eine Verwandte des Dichters Detlev von Liliencron, ihr Vater ein Anwalt, der aber schon früh starb. Später zog die verwitwete Mutter mit ihren Kindern nach Altona bei Hamburg. Altona liegt direkt an der Elbe, und man kann vom Ufer wunderbar die ein- und auslaufenden Schiffe beobachten; dabei kommt bei vielen Menschen, ob jung oder alt, fast zwangsläufig Fernweh auf.

Fernweh allerdings war für die junge Sophie kein Schreibanlass. Nach kurzer Ehe starb ihr Mann und hatte sie unversorgt zurückgelassen; nun war es an ihr, sich um den Unterhalt zu kümmern. Wie häufig in einer derartigen Situation wandte sie sich intensiv der Schriftstellerei zu, weil sie schon früher ein wenig geschrieben hatte. Nun aber hing ihre Existenz vom Erfolg ihres Schreibens ab, und glücklicherweise hatten ihre kleineren Texte Interesse bei einem großen Verlag gefunden, von dem sie Aufträge für Bücher erhielt. Möglicherweise hatte die Nähe zu Hamburg und zu hanseatischen Expeditionen Anregungen für ihre Romane geliefert, und so schrieb sie vor allem Reise- und Abenteuerbücher, deren Handlungen in den USA, in Indien oder auf den Ozeanen spielten. Als »Karl May von Altona« – so ihr Beiname – war sie nicht über die nähere Umgebung ihrer Heimat hinausgekommen, doch hatte sie, anders als der berühmte Kollege, nicht durch Interviews oder Ähnliches den Eindruck erwecken wollen, sie wäre weit gereist. Die einzige »Täuschung«, die der Verlag zu verantworten hatte, war die Verkürzung ihres Vornamens auf die Initiale, wodurch der Anschein erweckt wurde, die Bücher seien von einem Mann geschrieben – für den Absatz zeitbedingt sehr notwendig. Doch ist es außerordentlich bemerkenswert und gewissermaßen ein Zeichen literarischer Emanzipation, dass damals eine Frau Abenteuerbücher für Knaben schreibt.

Anders als Karl May war Wörishöffer durch die Ausrichtung ihres Verlages stärker an geografischer und landeskundlicher Bildung für junge Menschen in-

S. WÖRISHÖFFER

Auf dem Kriegspfade

Mit Bildern von
Karl Mühlmeister

*Der Segelschiffhafen als Teil des großen Hamburger Hafens
von Altona aus gesehen, um 1900*

teressiert, und die notwendigen Unterlagen stellte der Verleger zur Verfügung. Die Abenteuer, die in ihren Büchern meistens Hanseaten in der Welt erlebten, entsprachen den Vorstellungen, die in der Kaiserzeit üblich waren. Häufig ging es um die Behauptung im Kampf mit bösen Widersachern, die zumeist Exoten unterschiedlichster Herkunft waren. Mal wurde *Kreuz und quer durch Indien* gereist, und der Held hatte sich nicht nur Verbrechern, sondern auch Raubkatzen zu erwehren. Mal war eine Gruppe Männer *Auf dem Kriegspfade* gegen böse Spekulanten und ließ sich von dem Indianer Donnerwolke helfen. Am Nächsten kommt wohl der Roman *Robert des Schiffsjungen Fahrten und Abenteuer auf der deutschen Handels- und Kriegsflotte* den Erfahrungen der Frau aus Altona, denn die maritimen Erlebnisse des jungen Mannes waren in der Zeit beginnender politischer und wirtschaftlicher Expansion von besonderem Interesse in der wilhelminischen Gesellschaft. Deshalb erstaunen der große Erfolg und die hohen Auflagen von Wörishöffer nicht, und da die Bücher für die damalige Zeit relativ teuer waren, hatten auch ihre finanziellen Sorgen ein Ende. 1890 starb sie in Altona, jenem Teil des heutigen Hamburgs, den sie seinerzeit berühmt machte; eine Straße aber ist dort immer noch nicht nach ihr benannt.

ERSCHIENEN 1899 · DIE SCHATZSUCHER · ERSTMALS

Edith
Nesbit

1858-1924

Abenteuer erfordern längst nicht immer Pfeil und Bogen, Henrystutzen und Silberbüchse, sie müssen nicht in fernen Ländern oder auf hoher See erlebt werden. Mit ein wenig Fantasie kann man Abenteuerliches vor der Haustür oder zumindest in scheinbar vertrauter Umgebung erkennen und beschreiben. Und das tun viele Autorinnen, auch wenn sie ihren Helden mit Wildgänsen reisen lassen oder auf Schatzsuche schicken wie **Edith Nesbit**. Vor allem ihr wird ein innovativer Einfluss auf die englische Kinder- und Jugendliteratur zugeschrieben, da sie zum einen die Protagonisten ihrer Romane »auf eigene Faust« und ohne Einmischung der Erwachsenen handeln lässt und zum anderen, besonders in dem Buch *Die Schatzsucher,* die Ereignisse aus der Sicht eines jugendlichen Helden beschreibt. Bevor sie aber zur arrivierten Autorin wurde, war ihr Leben bereits so

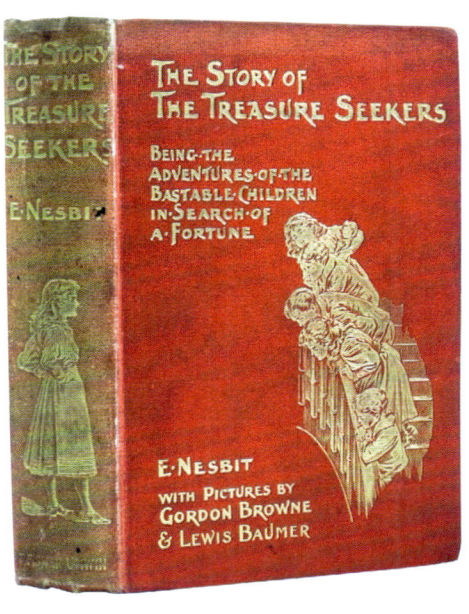

ereignisreich, dass es auch ein Romanthema hätte abgeben können.

Edith Nesbit, 1858 in London geboren, wuchs in wohlgeordneten und nicht unvermögenden Verhältnissen auf. Ihr Vater leitete ein *agricultural college* für angehende Farmer, und die Mutter kümmerte sich um die große Familie. Da der Vater früh starb, musste nun die Mutter für die Finanzen sorgen, und so wuchsen die Kinder relativ ungebunden auf. Nesbit ist ein recht ungebärdiges Mädchen, das am liebsten mit den Brüdern spielt und an den Bahngleisen hinter dem Haus den Zügen nachwinkt – alles Erfahrungen, die sie viele Jahre später in ihren Büchern verwendet. Die Mutter sorgt sich wenig um die wilde Tochter, was sie aber spätestens hätte machen sollen, als diese den künftigen Ehemann präsentiert. Hubert Bland, Bankangestellter, stattlich und gut aussehend, ein unermüdlicher *womanizer*, angeblich aus landadeligen Verhältnissen stammend, tatsächlich aber eher *middle class*, geht mit Edith eine enge Beziehung ein – im siebten Schwangerschaftsmonat wird geheiratet.

Was aber weder Edith noch ihre Mutter wussten: Hubert hat noch ein weiteres Verhältnis sowie einen Sohn mit der jungen Untermieterin seiner Mutter. Und da er nicht müde wurde, seinem lebhaften Verführungsdrang ständig Genüge zu tun, wurde seine Ehe mit Nesbit recht stürmisch. So machte er eine ihrer Freundinnen, die zur Unterstützung in den Haushalt kam, zu seiner Geliebten und zur Mutter weiterer Kinder, die dann von seiner Ehefrau adoptiert wurden. Bland und Nesbit führten also eine unkonventionelle Verbindung, denn Edith suchte ebenfalls Leidenschaftliches außerhalb der Zweisamkeit. Aber neben einem aufwendigen Liebesleben hatten die Blands noch etliche andere Aufgaben zu bewältigen.

Da Hubert Bland mit geschäftlichen Unternehmungen erfolglos blieb, war es vornehmlich die Aufgabe von Nesbit, sich um das Familieneinkommen zu kümmern, was sie anfangs mit Gedichten, dem Entwerfen von Grußkarten sowie mit Kurzgeschichten und anderen Texten für diverse Zeitschriften tat. Während Bland sich gegen die Selbstständigkeit von Frauen aussprach – Frauen seien vornehmlich zur Freude des Mannes da –, störte es ihn nicht, dass er und die große Familie ohne die Selbstständigkeit seiner Frau noch prekärer hätten leben müssen. Und seine Haltung zum Frauenstimmrecht artikulierte er mit der Feststellung, dann könne man Kindern und Hunden gleichfalls das Wahlrecht geben. Eigentlich hätte er progressiver sein müssen, denn er war wie seine Frau Gründungsmitglied der Fabian Society, einer sozialistisch orientierten Gesellschaft, die maßgeblich an der Entstehung der Labour-Partei beteiligt war. Zu den prominenten Fabiern gehörten zum Beispiel Eleanor Marx, George Bernard Shaw oder die Suffragette Emmeline Pankhurst. Die Mitglieder dieser Gesellschaft erweiterten den Freundeskreis von Nesbit erheblich – und wohl auch den Kreis ihrer Liebhaber. Die finanziellen Sorgen der Familie wurden endlich geringer, als Edith begann, Bücher für Kinder zu schreiben.

Hauptsächlich zwei ihrer Romane sind es, die, in zahlreiche Sprachen übersetzt, noch heute aufgelegt und vor allem gelesen werden. Zum einen sind es *Die Schatzsucher* (1899), fünf Geschwister auf der Suche nach Möglichkeiten, die finanziellen Probleme des Vaters zu lösen. Zum anderen *Die Eisenbahnkinder* (1905), zwei Schwestern und ein Bruder, die als Helfer auftreten, indem sie einen verunglückten Spielkameraden und ihren fälschlich verurteilten Vater retten.

Beide Romane zeigen gewisse Ähnlichkeiten mit Erfahrungen von Edith Nesbit aus ihrer Kindheit. Immer leben die Kinder in einer teilweise »unvoll-

Lokomotive der Dartmouth Steam Railway

ständigen« Familie, da jeweils Vater oder Mutter fehlen. Alle sind sehr gut erzogen, höflich, einfühlsam und hochmoralisch – kleine lässliche Sünden stürzen
sie in Gewissensnöte, aus denen sie verständnisvolle Erwachsene befreien. Vor
allem dürfte der Erfolg bei den jungen Leserinnen und Lesern daher rühren,
dass die fiktiven Figuren selbstständig, ohne Einmischung Erwachsener und
mit kreativer Fantasie agieren können – Fehler und Irrtümer inbegriffen. Indem Nesbit die Erfahrungen aus ihrer Kindheit und Jugend gewissermaßen auf
»Augenhöhe« an ihr Publikum weitergibt, schafft sie einen neuen Typus literarischer Helden, der authentischer und realistischer ist.

Doch wie der größte Teil ihres Lebens sind auch die letzten Jahre Nesbits
nicht immer leicht. 1914 findet ihre stürmisch-unkonventionelle Ehe ein Ende;
Hubert Bland erleidet eine schwere Herzattacke und stirbt in den Armen seiner
Geliebten. Während des Krieges finden die Bücher von Nesbit nicht mehr so
starken Absatz, und da sie mit ihren hohen Einkünften verschwenderisch um-
ging, muss sie das große Haus im Südosten Londons aufgeben und zieht nach
Kent, in die Romney Marsh. Sie heiratet noch einmal, und der neue Ehemann
– Thomas Tucker, *the Skipper* –, in jeder Hinsicht anders als der verblichene,
sorgt liebevoll für sie bis zu ihrem Tod 1924.

Selma
Lagerlöf
1858-1940

Nicht jedes Buch für junge Menschen lässt sich nur einer Katego-
rie zuordnen. Es gibt abenteuerliche Fantasybücher, fantasievolle
Abenteuerbücher, Tierbücher mit fantastischen Abenteuern – und
es gibt *Nils Holgerssons wun-*
derbare Reise mit den Wildgänsen, die
von allem etwas bietet. Sie zeigt einen
kleinen Jungen, der in einen noch kleineren Wichtel verwandelt wird, aber
während seiner Abenteuer fast zu einem Erwachsenen heranreift. Dieses
Buch war ursprünglich eine Schul-
lektüre, was nicht verwundert, da
die Autorin lange Zeit als Lehrerin
gearbeitet hatte. Das Reisebuch des
kleinen Nils war nicht die erste Veröffentlichung der schwedischen Autorin
Selma Lagerlöf, die 1858 in dem Herrenhaus Mårbacka im westlichen
Schweden geboren wurde und aufwuchs. Ihr Vater war als Gutsbesitzer
nicht gerade erfolgreich, und das Anwesen musste nach seinem Tode über-

schuldet verkauft werden – für seine Tochter, die sehr an ihrem Zuhause hing,
eine traumatische Erfahrung. Sie kaufte es zurück, als sie durch ihr literarisches
Werk zu Wohlstand gekommen war.

Der landwirtschaftliche Besitz im Värmland war für die kleine Selma und
ihre vier Geschwister ein Ort der Geborgenheit, des relativ harmonischen Fa-
milienlebens, das erst durch die finanziellen Probleme und den Alkoholismus
des Vaters seinen Frieden verlor. Während die beiden Söhne zur Schule gingen,
um später zu studieren, wurden die Töchter wie üblich daheim von Gouvernanten unterrichtet. Schon früh begann Selma sich für Literatur zu interessie-
ren, was dann zu ersten Schreibversuchen führte. Ihr war aber klar, dass sie
berufstätig werden wollte und musste, weshalb der Vater sich widerwillig bereit
erklärte, sie eine Schule besuchen zu lassen, damit sie die Qualifikation für das
Lehrerinnenseminar in Stockholm erwerben konnte.

Die Aufnahmeprüfung für das Seminar bestand Selma Lagerlöf ebenso mit

Mårbacka, Geburts- und Sterbehaus von Selma Lagerlöf
im Värmland, Schweden

Bravour wie das Abschlussexamen; danach trat sie 1885 eine Stelle in Landskrona an. Dort blieb Lagerlöf zehn Jahre, und ihre Tätigkeit ließ sie zunehmend kritischer gegenüber dem Schulwesen und dem Lehrberuf werden, was sie in einem Brief mit der Feststellung verband, wie schön es wäre, eine eigene Schule zu haben. Doch ihr eigentlicher Lebensinhalt war nicht das Pädagogische, waren nicht ihre Schülerinnen, sondern das Schreiben und der Wunsch, als Autorin so anerkannt zu werden, dass sie ihren Lehrerinnenberuf aufgeben konnte. Und das schaffte sie!

Natürlich war es nicht einfach, neben dem täglichen Unterricht zusätzliche Stunden zu geben, um hinreichend zu verdienen, und dann, wenn andere schlafen gehen, mit dem Schreiben zu beginnen. Doch Lagerlöf war außerordentlich arbeitsam und entschlossen, und es störte sie nicht, am nächsten Tag müde und mit tintenbefleckten Fingern vor der Klasse zu stehen, denn für sie gehörten der Abend und die Nacht dem Schreiben. War ihre Lyrik auch nicht sonderlich bemerkenswert, so änderte sich alles, als sie durch die Vermittlung einer Freundin 1887 die Bekanntschaft einer wichtigen Frauenrechtlerin machte, die ihr riet, sich auf Prosa zu verlegen. Lagerlöf befolgte den Rat, und mit der

Veröffentlichung des Romans *Gösta Berling* 1891 gewann sie zuerst einen Preis und dann wachsenden Ruhm und wachsenden Wohlstand.

Obendrein kam sie durch das Buch ins Gespräch mit der Schriftstellerkollegin Sophie Elkan, die zur Reisebegleiterin, literarischen Ratgeberin, strengen Kritikerin und zur sehr, sehr engen Freundin wurde. Wie aus ihren Briefen zu entnehmen ist, hatte sich Selma Lagerlöf wohl nie für Männer interessiert; ihre

> »Es war Abend, als die wilden Gänse vom dem Meer hereinkamen, und das hügelige Land lag hübsch zwischen den blinkenden Fjorden. Hier und da auf den Inseln sah der Junge Häuser und Hütten, und je weiter er auf das Land zukam, um so größer und besser wurden die Häuser. Schließlich wuchsen sie zu großen, weißen Schlössern heran.«
>
> NILS HOLGERSSONS WUNDERBARE REISE
> MIT DEN WILDGÄNSEN

Zuneigung, ja Liebe galt Frauen, und ihre Beziehung zu Elkan war zumindest von ihrer Seite von Leidenschaft geprägt. Als aber eine andere Frau, die Lehrerin Valborg Olander, Lagerlöf Avancen machte, kam es zu Eifersuchtsszenen mit Elkan. Zu Olander entwickelte sich ebenfalls eine Liebesbeziehung, und Selma Lagerlöf versuchte sich zwischen zwei gleichermaßen eifersüchtigen Frauen in der Rolle der ausgleichenden Liebhaberin – nicht immer erfolgreich. Olander war als Suffragette engagiert in der schwedischen Frauenbewegung, die für Lagerlöfs politische Einstellung zunehmend wichtig wurde. Die beiden Frauen hatten sich kennengelernt, nachdem Lagerlöf ihre Anstellung in Landskrona gekündigt und in die Bergbaustadt Falun gezogen war, wo sie sich zusammen mit ihrer Schwester um die Mutter kümmerte. Endlich kann sie als Autorin ihre lang ersehnte Erfüllung finden; sie reist sehr viel, um für ihre Bücher zu recherchieren, sie setzt sich für die Rechte der Frauen ein, und sie renoviert Mårbacka, ihr früheres Zuhause. Vor allem hofft sie, den Nobelpreis zu erhalten; zugleich aber befürchtet sie, als Autorin eines Kinderbuches nicht würdig genug zu sein für diesen Preis.

Aus der japanischen Zeichentrickserie:
»Wunderbare Reise des kleinen Nils Holgersson mit den Wildgänsen«,
Regie: Hisajuki Toriumi (1980)

Nils Holgerssons wunderbare Reise mit den Wildgänsen ist das erfolgreichste schwedische Buch für junge Leser, bevor Astrid Lindgren zu veröffentlichen begann. Und es ist jenes Buch, das den Ruhm Selma Lagerlöfs bis in die Gegenwart sichert, da es noch heute gedruckt und gelesen wird. Durch Vermittlung von Olander erhielt Lagerlöf das Angebot des Lehrerverbandes, ein neues Lesebuch für die Volksschulen zu schreiben, mit dem die Kinder zugleich ihre Heimat genauer kennenlernen sollten. Die Überlegungen Lagerlöfs wurden durch die Aussicht auf ein erhebliches Honorar beflügelt, denn immerhin würde dieses Buch Pflicht in sämtlichen Schulen des Landes werden – ein Traum für Autoren.

Ihr Hauptproblem war, wie man alle Landschaften Schwedens vorstellt, ohne dass es für die Kinder und die Autorin mühsam und langweilig wird. Anregung erhielt sie von Rudyard Kiplings *Dschungelbuch*, in dem Tiere sprechen und ein wenig die Welt erklären. Und was bei Kipling der brave Mogli ist, ist bei Lagerlöf der unbrave Nils, der als Däumling auf dem Rücken eines weißen Gänserichs über Schweden fliegt und damit den Leserinnen und Lesern im wahrsten Sinne des Wortes eine Heimatkunde aus der Vogelschau bietet. Allmählich ist er seinen gefiederten Reisegenossen so verbunden, dass er sich vom Nichtsnutz zu einem hilfsbereiten Knaben wandelt. Zum Schluss kehrt er als verlorener Sohn heim, bewahrt die Eltern vor dem Bankrott und den weißen Gänserich vor der Schlachtung – schöner kann ein Happy End kaum sein.

1909 erhielt Lagerlöf endlich den Nobelpreis. Nun war sie gewissermaßen die »Dichterfürstin« ihres Landes, und Briefe, die nur diesen Begriff als Adresse aufwiesen, wurden zugestellt, was Lagerlöf im Übrigen selbstverständlich fand. Sie war zugleich bescheiden und selbstbewusst, was eine gute Mischung ist, um Einfluss zu gewinnen. Diesen nützte sie zum einen mit ihrem Eintreten für das Frauenwahlrecht, zum anderen aber nach 1933 zur Unter-

stützung jüdischer Bürgerinnen und Bürger, die Deutschland verlassen mussten. So konnte die spätere Nobelpreisträgerin Nelly Sachs 1940 auch durch die Fürsprache Lagerlöfs, mit der sie viele Jahre korrespondiert hatte, im letzten Augenblick mit ihrer Mutter nach Schweden emigrieren. Die beiden Frauen trafen sich nicht mehr; Selma Lagerlöf war wenige Wochen zuvor – im März 1940 – gestorben.

ERSTMALS ERSCHIENEN 1932 · STOFFEL FLIEGT ÜBERS MEER ·

Erika
Mann
1905-1969

ine andere Autorin lässt ihren kindlichen Helden ebenfalls Abenteuer in luftiger Höhe erleben – allerdings bleiben die natürlichen Größenverhältnisse gewahrt, und das Transportmittel ist nicht eine Gans, sondern ein Luftschiff. Spätestens mit dem Kinderbuch *Stoffel fliegt übers Meer* erliegt **Erika Mann** ebenfalls dem »Familienfluch« der Manns, wie es ihr Bruder Klaus nennt, nämlich unbedingt schreiben zu müssen. Sie teilt das Schicksal vieler Kinder berühmter Eltern, denen Bedeutung zugewiesen wird vornehmlich wegen ihres »Abstammungsstatus«. Doch sie wurde prominent auch aus eigenem Recht, denn bevor sie ihr Leben mit der Arbeit, mit der Existenz ihres Vaters aufs Engste verband, war sie Schauspielerin, Kabarettistin, Autorin, Journalistin, Rallyefahrerin und nicht zuletzt engagiert im Widerstand gegen Hitler.

1905 als erstes Kind von Thomas und Katia Mann geboren – zum Bedauern des Vaters war es ein Mädchen –, wuchs sie in der liberalen, wohlhabenden Bürgerwelt Münchens auf. Von den fünf Geschwistern fühlte sie sich am stärksten dem Zweitgeborenen, ihrem Bruder Klaus, zugehörig, und das blieb so bis an beider Lebensende. Als Sprösslinge des prominenten Vaters hatten vor allem die beiden Ältesten eine Art Narrenfreiheit, die ihnen ein Ausleben vieler ihrer Wünsche und Fantasien ermöglichte. Und zu diesen Wünschen gehörte ein spezielles Hobby, das die »Mann Twins« mit Leidenschaft betrieben – das Reisen; je weiter, desto schöner, und Weltreisen waren das Allerschönste. Und wenn eigentlich ein Theaterengagement Anwesenheit verlangt hätte, so störte das Erika nicht, denn Reisen hatten Vorrang. Dies war eine Einstellung, die ihr damaliger Ehemann und absoluter Theatermensch Gustaf Gründgens nicht nachvollziehen konnte – die Ehe war auch deshalb nur eine kurze.

1927 reisten die Dichterkinder über die Kontinente und blieben am längsten in den USA; zur Finanzierungshilfe hielt man Vorträge oder, wenn das

Geld gar zu knapp wurde, telegrafierte man wie immer den großzügigen Eltern. Nach der Heimkehr erschien das gemeinsam verfasste Reisebuch *Rundherum*, gewissermaßen eine Fingerübung, die zu einem späteren Kinderbuch führte. Erika Mann hatte nämlich als Autorin ihr Interesse am Schreiben für junge Menschen entdeckt, was durch die Aufmerksamkeit, die ihre Geschichten bei den jüngsten Geschwistern erhielt, befördert sein dürfte – ihr erstes Buch widmete sie ihnen. Der anrührende Roman *Stoffel fliegt übers Meer* erschien 1932, kurz vor der Emigration.

Christof, genannt »Stoffel«, lebt mit seinen Eltern an einem See, in dem der Vater fischt, die Mutter die immer leere Badeanstalt und der Junge die selten vermieteten Boote bewacht. Es gibt einen reichen Onkel in Amerika, aber kein Geld, zu ihm zu reisen. Da schmuggelt sich der Junge als blinder Passagier in ein Luftschiff, rettet nach seiner Entdeckung den durch technische Probleme gefährdeten Zeppelin und wird in New York begeistert gefeiert. Der reiche Onkel verspricht Unterstützung und macht die Familie glücklich. Erika Mann hatte Erfolg mit ihrem Buch, das zahlreiche Auflagen erlebte und auch nach dem Krieg wieder gedruckt wurde.

Einer möglichen Karriere als Kinderbuchautorin aber stehen die politische Zeitläufte entgegen; Erika Mann intensiviert ihr politisches Schreiben für Zeitungen wie für ihr Kabarett »Die Pfeffermühle«, das sie 1933 mit Freunden in München gegründet hat. Die Verfolgung durch die Nazis zwingt sie zur Emigration in die Schweiz, und in Zürich kann die »Pfeffermühle« noch einige Zeit ihre Schärfe präsentieren. Sicherheitshalber heiratet Erika den englischen Dichter Wystan Hugh Auden, um die britische Staatsangehörigkeit zu erlangen. Dennoch geht die Flucht weiter in die USA, wohin die Eltern emigriert wa-

> Das Reisen; je weiter, desto schöner,
> und Weltreisen waren das Allerschönste.

ren. Erika und ihr Bruder Klaus verschreiben sich nun ganz dem Kampf gegen Hitler. 1952 kehrt Familie Mann nach Europa zurück, nicht zuletzt veranlasst durch die Verfolgung durch US-Senator Joseph McCarthy. Sie lässt sich in der Schweiz nieder, und nach dem Tode von Thomas Mann 1954 sieht Erika ihre Hauptaufgabe als Nachlassverwalterin. Sie schreibt noch einige Kinderbücher, denn für Erwachsene zu schreiben sei ihr »zu blöd«, stellt sie fest. Doch eigentlich lebt sie nur noch im Gedenken des Vaters wie auch in dem des Bruders, der 1948 Selbstmord beging; beider Werke will sie für die Nachwelt bewahren. Eine neue Lebensgefährtin verändert ihre Existenz und Lebensauffassung nicht wesentlich. Erika Mann stirbt 1969 in Zürich; sie ist auf dem Friedhof in Kilchberg im Familiengrab beigesetzt.

Enid Blyton

1897-1968

*E*lf Freunde sollt ihr sein, heißt es beim Fußball, fünf Freunde sind bei **Enid Blyton** genug, um viel spannendere Abenteuer zu bestehen, als es Fußballspieler jemals könnten. Und dieser Ansicht sind Millionen Kinder in aller Welt, die dafür sorgten, dass die *Famous Five* – so der englische Originaltitel – auch zu ihren Freunden wurden. Doch es brauchte viele Jahre, bis Enid Blyton zu der auflagenstarken »Romanproduzentin« wurde, die manche Kritiker veranlasste, von einer Art »Kinderbuchindustrie« zu sprechen.

Blyton wurde 1897 in eine gutbürgerliche Londoner Familie geboren. Schon früh hatte sie für sich entschieden, Schriftstellerin zu werden, während ihr Vater auf eine Karriere als Pianistin hoffte. Doch sie verweigerte sich diesen Plänen, verließ die Familie und zog zu Freunden auf deren hochherrschaftliches Anwesen. Die Bekanntschaft mit Kindergärtnerinnen veranlasste sie, sich zur Froebel-Kindergärtnerin ausbilden zu lassen. Dies brachte ihr sofort eine Stelle als pädagogische Betreuerin von anfangs fünf, dann zunehmend mehr Kindern ein, da sich ihre große Kompetenz herumgesprochen hatte. Neben ihrer Erziehungs- und Unterrichtstätigkeit schrieb sie bereits, und das Magazin *Teachers World* veröffentlichte regelmäßig ihre Artikel, in denen sie ihre beruflichen Erfahrungen an Kolleginnen und Kollegen weitergab. Nach dem Erscheinen ihres ersten kleinen Buches, *Child Whispers*, mit Gedichten für Kinder begann man, auf sie aufmerksam zu werden, und Kritiker rühmten ihre Fähigkeit, aus der Sicht eines Kindes zu schreiben. Verlage und pädagogische Zeitschriften boten ihr nun die Möglichkeit zu regelmäßigen Veröffentlichungen, und ihr Konto füllte sich stetig. Lehrerinnen und Lehrer nutzten ihre Vorschläge für den eigenen Unterricht, und die Schülerinnen und Schüler reagierten positiv – so positiv, dass sich Blyton vor Post kaum retten konnte. Und da sie zugesichert hatte, alle Briefe persönlich zu beantworten, versprach sie, für jeden nicht beantworteten Brief einen Penny in eine Dose zu werfen und die jeweilige Summe einem Kinderhospital zu spenden.

Inzwischen hatte sie den (ersten) Mann fürs Leben gefunden. Hugh Alexander Pollock arbeitete im Verlagswesen und konnte so seiner Frau in jeder Hinsicht eine große Hilfe sein. Blyton und Pollock heirateten 1924 und zogen von London aufs Land in einen kleinen Ort namens Bourne End in Buckinghamshire. Tägliches Erleben und neue Erfahrungen – alles wurde von Enid Blyton in irgendeiner Weise in ihren Texten verarbeitet. Deshalb verwundert es nicht, dass »Old Thatch« und die Umgebung des Hauses in unterschiedlicher Form in den Büchern Aufnahme fanden. Über zehn Jahre wohnte die Familie in die-

*Das Cottage »Old Thatch« in Bourne End,
Buckinghamshire; hier lebte Enid Blyton
mit ihrer Familie von 1929 bis 1937.*

sem Haus, doch wurde es nach der Geburt zweier Töchter zu klein, und so bezog man in Beaconsfield eine andere Villa, »Green Hedges« genannt, im nachgeahmten Tudor-Stil, was eine gewisse Repräsentanz suggeriert. Der idyllische Ort, nur wenige Kilometer nördlich von Bourne End ebenfalls in Buckinghamshire gelegen, gehört zu den wohlhabendsten Gemeinden Englands, und das Anwesen der Pollocks entsprach mit seiner Größe und Ausstattung dem wachsenden Reichtum der Familie. Heute ist in der Nähe eine Sackgasse nach der Autorin als »Blyton Close« benannt.

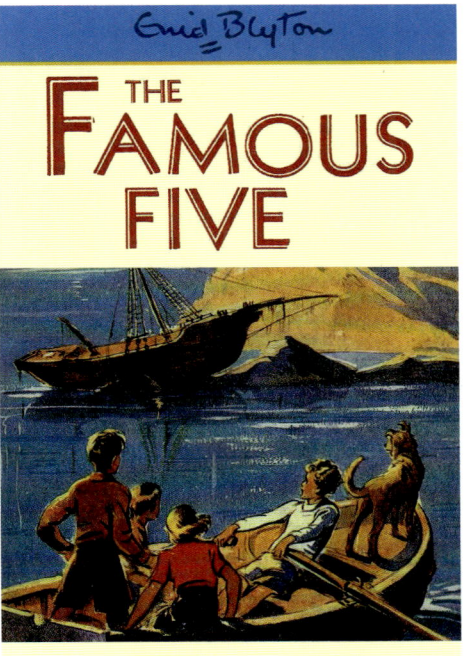

Five on a Treasure Island

Der Tagesablauf Enid Blytons war seit Beginn ihrer Karriere als Autorin vom Schreiben bestimmt, und dem hatten sich auch die Töchter unterzuordnen. Natürlich widmete die Mutter sich ihren Kindern, doch gab es dafür feste Zeiten, und ansonsten saß Blyton an ihrer Schreibmaschine. Ein Psychologe fragte sie, wie man sich den Schreibprozess bei ihr vorzustellen habe, und in einem ausführlichen Briefwechsel bemühte sich Enid um eine Beschreibung, die zwar scheinbar erklärt, tatsächlich aber eine mysteriöse Kreativität suggeriert. So hat man sich die Autorin vorzustellen, wie sie mit geschlossenen Augen vor der Schreibmaschine sitzt, der Geist ist zwar nicht wüst, aber leer wie ein weißes, unbeschriebenes Blatt, das eine Projektionsfläche bietet für die vielen bunten, sich sukzessive ordnenden Einfälle. Dann erscheinen plötzlich die Personen der zu schreibenden Geschichte vor ihrem inneren Auge, sie kennt jetzt deren Aussehen und Charakter und den Gang der Handlung. Nun kann es losgehen, und Blyton beginnt, die Tasten zu bearbeiten.

Während des Krieges war Enid Blyton in Großbritannien die Bestsellerautorin schlechthin, und ihre Verlage brauchten sich trotz aller Knappheit um die Papierzuteilung keine Sorgen zu machen. Sie ermahnte ihre jungen Leserinnen

und Leser, sich für den Sieg einzusetzen, ihre Gärten im Sinne eines »*dig for victory*« zu bepflanzen, für das Rote Kreuz zu sammeln und in der Schule fleißig zu lernen. Enid lernte ebenfalls, und zwar dass sie schlecht allein sein konnte, denn Hugh war bei der *Home Guard* aktiv und sie daheim. Beide trafen neue Gefährten, wurden geschieden und heirateten wieder. Ihr zweiter Ehemann, ein Mediziner, war nicht nur wie der erste ein Schutzwall für die angestrengt Schreibende, der Belästigungen von außen möglichst fernhielt, er war gewissermaßen ein Leibarzt, der darauf achtete, dass die ihm angetraute Patientin möglichst gesund lebte. Das war nicht einfach, denn Blyton war inzwischen zu einer »Ein-Frau-Literatur-Industrie« geworden, die pro Jahr für ihre jeweiligen Serien mindestens ein Buch veröffentlichte – von den zahlreichen Kolumnen, Kurzgeschichten, Gedichten etc. ganz zu schweigen. Am erfolgreichsten waren die Abenteuerromane, und von diesen wiederum die aufregenden Erlebnisse der fünf Freunde.

Julian, Dick, George und Anne sind miteinander verwandt und treffen sich regelmäßig in den Ferien, in denen sie, von den Eltern an einer mehr als langen Leine gelassen, die spannendsten Abenteuer erleben. Der Fünfte im Freundesbund ist Timmy, ein ungemein intelligenter Mischlingshund, der vielleicht von den Eltern als eine Rettungskraft im Notfall angesehen wird – was er zuweilen ist. Aus den ursprünglich neun geplanten Bänden wurden wegen des riesigen Erfolgs immer mehr, und selbst nach Blytons Tod setzten andere Autorinnen die Serie fort, damit kein Kind irgendwo auf der Welt ohne die Lektüre neuer Erlebnisse der Freunde schlafen gehen muss.

Der erste Band, 1942 erschienen, ließ die Kinder auf einer Insel nach Schätzen suchen, und vielleicht war es kein Zufall, dass der Titel *Fünf Freunde erforschen die Schatzinsel* Assoziationen anbot an den berühmten Roman von Robert Louis Stevenson, an den sich vielleicht noch die Eltern erinnerten, die das Buch für den Gabentisch kauften. Und so gehen die Freunde in den vielen Bänden auf Schmugglerjagd, finden Verbrecher in einem Wanderzirkus, leben im Zeltlager, retten sich aus dem Moor und können einer Sache immer sicher sein: Sie bestehen alle Abenteuer grandios, und eine Fortsetzung folgt. Für die jugendlichen Leser ist vor allem faszinierend, dass fast Gleichaltrige allein und ohne ständige Ermahnungen der Eltern durch das idyllische, ländliche England unterwegs sind und stets aus den gefährlichsten Verwicklungen unbeschadet herauskommen. Wer in jungen Jahren von den fünf Freunden las, war nicht selten aus zwei Gründen neidisch und deshalb begierig auf weitere Lektüre: Zum einen hätte jedes Kind gern selbst so wunderbare Freundschaften gehabt, und zum anderen wusste es, dass in der eigenen Lebenswelt kaum so aufregende Geschehnisse möglich waren.

Enid Blytons Ruf gründete sich zudem auf ihre Fähigkeit, mit ihrem Publikum in direkte Kommunikation zu treten. Ein wesentliches Element dabei war die Schaffung einer Gemeinschaft von Blyton-Fans, die sich mit der Autorin eng verbunden und von ihr angesprochen fühlten. Klassen lernten mit Blyton-Texten und meldeten ihre Erfolge, Clubs mit Abzeichen wurden gegründet, die sich zu sozialen Aktivitäten verpflichteten und so schöne Namen trugen wie »Busy Bees«. Am beliebtesten war der »Fünf-Freunde-Club«, der zeitweilig mehr als 220 000 Mitglieder hatte. All das geschah weit über die Grenzen Großbritanniens hinaus in nahezu sämtlichen Ländern des Commonwealth bis hin nach Australien und schuf eine eigene »Enid-Blyton-Welt«. Auch wenn die Autorin heute ihre »Gemeinde« wohl im Internet versammelt hätte, wäre das nicht annähernd so persönlich wie die Ansprache in einem eigenen Magazin, Besuche bei den Clubs und die didaktische Betreuung von Lehrern und ihren Klassen.

In den 50er und 60er Jahren kam heftige Kritik an ihr und ihrem Werk auf. Pädagogen, Bibliothekare und Literaturkritiker sahen in den Texten Rassismus,

Sexismus und eine zu simple Sprache, die für die kindliche Entwicklung nicht genügend Anreize bot. Doch der Begeisterung der jungen Leser tat das keinen Abbruch, und da auch Verlage ökonomische Interessen haben, wurden Blytons Bücher natürlich weiterhin verlegt, teilweise mit leichten Änderungen in Sprache und Charakterisierung. Gerühmt wurde aber Blytons Fähigkeit, sich in kindliche Fantasiewelten einzufühlen, was daher rühren mochte, dass sie sich – wie es heißt – bis an ihr Lebensende eine gewisse Kindlichkeit bewahrt hatte. Allerdings kam ihre Zuneigung zu jungen Menschen nur in reduzierter Form ihren Töchtern zugute, von denen eine sich über ihre nicht sehr emotionale Mutter beklagte. Enid Blyton war vermutlich eine problematische Persönlichkeit, die wohl nie völlig erwachsen wurde. Vor dieser Notwendigkeit bewahrte sie auch ihr Mann. Nach dessen Tod machte ihre zunehmende Demenz die Übersiedlung in ein Pflegeheim nach London unumgänglich, wo sie 1968 starb.

Enid Blyton bei einer Signierstunde in London 1953

ERSTMALS ERSCHIENEN 1962 · WÖLFE UMS SCHLOSS ·

Joan Delano
Aiken

1924-2004

Wer als Tochter eines Dichters geboren wird, später einen Schriftsteller zum Stiefvater hat, schon früh zum Schreiben ermuntert wird, mit den Geschwistern um schriftstellerische Aktivitäten konkurriert – die kann wohl kaum etwas anderes werden als Autorin. **Joan Delano Aiken**, 1924 in der kleinen südenglischen Stadt Rye geboren, lebte von Kindesbeinen an mit Büchern und Geschichten. Ihre Eltern, der US-Amerikaner Conrad Aiken und die Kanadierin Jessie MacDonald, waren nach Großbritannien gekommen, um ihren Kindern eine englische Erziehung zu ermöglichen. Als Joan geboren wurde, versäumte man, die Geburt bei der amerikanischen Botschaft registrieren zu lassen – also war die jüngste Tochter gleich britische Staatsbürgerin.

Bereits früh verließ der Vater die Familie, und die alleinerziehende Mutter hatte nicht genug Geld, um Joan auf ein Internat zu schicken. Da sie selbst auf dem Radcliffe College, dem »Harvard für Frauen«, studiert hatte, konnte sie ihrer Tochter viele Jahre selbst Stunden geben, besonders in den Sprachen. Allerdings reichte dieser Hausunterricht nicht, um die Qualifikation für Oxford zu erlangen, und so musste sich Joan bald verschiedene Jobs suchen. Was immer Aiken aber tat – das Wichtigste war ihr das Lesen und Schreiben! Schon als Jugendliche hatte sie Texte bei Zeitungen und der BBC eingereicht, die angenommen wurden, und so hoffte sie darauf, eines Tages vom Schreiben leben zu können. Vor allem war es ihr »Lesehunger«, nicht zuletzt ihrer Einsamkeit in jungen Jahren geschuldet, der sie Mengen an Büchern geradezu »verschlingen« ließ und ihre Welt, durch literarische Erfahrungen gespeist, nachhaltig prägte.

Ihre späteren Romane zeigen häufig Erinnerungen an ihre Lektüre, so mutierte beispielsweise der weiße Wal Moby Dick von Herman Melville zu einem pinkfarbenen an der amerikanischen Ostküste. Die Atmosphäre ihrer Geburtsstadt Rye beeinflusst ebenfalls nicht unwesentlich ihre Kreativität, und das Wohnhaus aus dem 17. Jahrhundert in der mit Kopfsteinpflaster immer noch mittelalterlich anmutenden Mermaid Street, wo sie ihre ersten Jahre verbrachte, dürfte ebenfalls ihre Imagination beflügelt haben.

1944 heiratet Aiken einen Journalisten, der bei der Nachrichtenagentur Reuter arbeitet, und bekommt zwei Kinder. Sie schreibt Kurzgeschichten und andere Texte und hat die Idee für ein Kinderbuch, das in einer historisch seltsamen Zeit spielt. Doch ihr Mann wird schwer krank, und so legt sie die Arbeit zur Seite. Nach dessen Tod beginnt sie, für das Londoner Magazin *Argosy* zu arbeiten, das unter anderem die bekanntesten Autoren von Detektiverzählungen veröffentlicht. Sie kann ihre Texte dort unterbringen, und nach einer gewissen Zeit erscheint ihr Name ebenfalls auf dem Cover. Später wird sie sagen, dass sie bei der Tätigkeit als Lektorin und Herausgeberin das Schreibhandwerk erst richtig gelernt hätte. Aiken verdient jetzt genug, um sich ein Haus kaufen zu können, und sie zieht erneut nach Sussex, nach Petworth nahe Chichester.

Nun holt sie das begonnene Manuskript wieder hervor, und 1962 erscheint *The Wolves of Willoughby Chase*, (deutsch: *Wölfe ums Schloss*, 1971) mit grandiosem Erfolg. Jetzt kann sich Aiken endgültig nur noch dem Schreiben widmen, und eine große Karriere beginnt, in der sie mehr als 100 Bücher verfasst.

Der Roman spielt im 19. Jahrhundert, und nicht Queen Victoria sitzt auf dem Thron, sondern die Stuarts in Gestalt des Monarchen James III., der sich der Intrigen der Hannoveraner zu erwehren hat, die ebenfalls den Thron beanspruchen. Diese hatten ihn real im 18. Jahrhundert auch inne, und zwar in Konkurrenz zu einem Sohn von James II., der ihn, obwohl als James III. ausgerufen, nie erhielt. Doch die tatsächliche Historie ist uninteressant, denn obendrein gibt es bereits den Kanaltunnel, durch den ein Wolfsrudel, aus Russland geflohen, auf die Insel gekommen ist. Und die Geschichte beginnt kalt und beängstigend, um auf das Abenteuerliche vorzubereiten. Kinder werden von ihren Eltern, die verreisen müssen, in einem Schloss unter der Obhut einer Gouvernante zurückgelassen. Doch diese Frau ist böse, und ihre Fürsorge gilt nicht den Kindern und dem Schloss, sondern nur sich und dem Bestreben, alles in ihren Besitz zu bringen. Es scheint ihr zu gelingen, aber die Kinder sind klug und mutig, haben den Beistand eines Gänse hütenden Jungen und besiegen das Böse. Und da dieser Roman so gut ankam, begründet er eine ganze Serie.

Etwa zwanzig Jahre nach dem Tod ihres ersten Mannes heiratet Aiken erneut, und mit dem amerikanischen Maler Julius Goldstein teilt sie sich das Leben zwischen Sussex und New York. 2004, kurz vor Erscheinen eines weiteren Bandes der *Willoughby*-Serie, stirbt Joan Aiken in Petworth.

Die Mermaid Street in Rye, East Sussex,
wo die Familie Aiken im Jeake's House lebte

Fantastische Welten

»Die Insel Gont, ein einziger Berg, dessen Gipfel eine Meile hoch über die sturmgepeitschte Nordostsee ragt, ist als Land der Zauberer bekannt.«

AUS: URSULA K. LE GUIN, »DER MAGIER DER ERDSEE«

Es ist seltsam – alle Romane, auch Kinderbücher, entstehen durch eine mehr oder minder starke Aktivität menschlicher Fantasie, und doch gibt es Bücher, die fantastischer zu sein scheinen, weil in ihnen Fantasy waltet. Und diese schafft eine eigene Welt, in der sonderbare Dinge geschehen, seltsame Lebewesen anzutreffen sind und statt Natur Übernatürliches wirkt. Besonders aufregend ist es, wenn Übernatürliches unvermutet in die Realität schleicht und Verwirrung stiftet. Mögen es Märchen oder Mythen sein – in der Fantasy-Literatur gibt es immer mehrere Wirklichkeiten, und manchmal weiß man bei der Lektüre nicht mehr, in welcher man sich gerade befindet. Nicht nur deshalb geht die strikte Trennung von Realismus und Fantasy, wie sie frühere Pädagogen als wichtiges Ziel bei der Leseerziehung propagierten, an den Interessen jugendlicher und inzwischen auch vieler erwachsener Leser vorbei. Gerade die Mehrdeutigkeit, mit der in Fantasy-Geschichten zwischen dem Realen und Irrealen gewechselt wird, regt die Kreativität beim Lesen an und schafft eigene, neue Texte im Prozess der Lektüre. Die Qualität jener Geschichten bemisst sich daran, in welchem Verhältnis Reales und Irreales zueinanderstehen, ob die Welt des Buches zumindest scheinbar mit der dem Leser vertrauten Realität kompatibel ist oder ausschließlich von Drachen, Zwergen und Hexen bevölkert wird.

Pamela Lyndon Travers
1899-1996

A uch für **Pamela Lyndon Travers**, deren Heldin Mary Poppins nach dem Bekunden ihrer Schöpferin durchaus hexenhafte Züge trägt, ist die Realität stark von Mythen, Märchen und Magie durchdrungen. Und ein wenig ist das auch ihr eigenes Leben. Travers wurde 1899 als Helen Lyndon Goff in Australien als Tochter einer gut situierten Familie und Nichte eines hohen Politikers geboren. Doch der Alkoholismus des als Banker tätigen Vaters ließ den Wohlstand rasch schwinden, und nach dessen Tod hatte die Familie finanzielle Schwierigkeiten. Ohne richtige Schulausbildung war die Berufswahl für Travers nicht unproblematisch, deshalb versuchte sie es als Schauspielerin, ohne jedoch eine große Karriere zu machen. Wichtiger war ihr das Schreiben, und so reiste sie 1924 allein nach England, auf eine Tätigkeit als Autorin und Journalistin in London hoffend. Zwar erweckte Travers später den Eindruck, sie sei als wagemutige junge Frau in die Unsicherheit einer neuen Existenz gestartet, doch irische Verwandte leisteten die notwendige Unterstützung.

> »Superkalifragilistikexpialigetisch,
> dieses Wort klingt durch und durch furcht-
> bar rein synthetisch. Wer es laut genug
> aufsagt, klingt klug und fast prophetisch:
> Superkalifragilistikexpialigetisch.«
>
> MARY POPPINS

Bei ihren Besuchen in Dublin lernte sie prominente Autoren wie W. B. Yeats und George William Russell kennen. Letzterer galt als uneigennütziger Förderer von jungen Autoren, und so konnte auch Travers auf seine Hilfe rechnen, wenn es galt, zu publizieren und Geld zu verdienen. Als Schriftstellerin verkürzte sie ihren Namen zu P. L. Travers, damit – wie sie später sagte – es unklar blieb, ob »ein Mann, eine Frau oder ein Känguru« die Texte geschrieben hätten. Sie verfasst Theater- und Literaturkritiken, schreibt Berichte über das Kulturleben auf der Insel für australische Blätter und möchte mehr werden und sein als nur Journalistin.

Das Leben in London ist teuer, die Honorare meistens dürftig, weshalb sie eine Mitbewohnerin für ihre Wohnung sucht. Und so zieht Madge Burnand bei ihr ein, die Tochter des Herausgebers der Zeitschrift *Punch*; die beiden

Frauen verbindet bald eine enge Freundschaft. Da Travers häufig kränkelt, will sie wegen der besseren Luft aufs Land ziehen, und die Freundinnen mieten ein malerisch verwunschenes Cottage nahe Mayfield in Sussex. Die Abgeschiedenheit ist ideal für eine Autorin, deren Kreativität im Londoner Trubel gelitten hatte, denn Travers will endlich ein Buch schreiben. Und so beginnt die mit Zauberkräften begabte Nanny Mary Poppins 1933 ihre literarische Existenz.

Vom Ostwind wird sie in die Cherry Tree Lane zur Familie Banks geweht, die händeringend eine Betreuerin für ihre Kinder sucht und Mary Poppins einstellt, obwohl diese keine Referenzen vorzuweisen hat. Die kleinen Mädchen und Jungen sind begeistert von Poppins, da diese fantasievoll ist mit höchst ungewöhnlichen Erziehungsprinzipien. Bei ihr gibt es Übernatürliches, verborgen im Natürlichen, denn sie kann zaubern, ohne dass sie einen Zauberstab schwingen müsste. In der Reisetasche von Mary ist ein kompletter Haushalt verstaut, sie nimmt die Kinder mit auf Flüge um die Welt, und Tiere können sprechen. In den Büchern mit dieser »hexenden Heldin« ist das alltägliche Leben auf verwirrende Weise gemischt aus Realistischem und Magischem, so dass bei der Lektüre das Mysteriöse zunehmend »normal« erscheint. Oder wie die Autorin es einmal ausdrückte: Man kann das Besondere nicht ohne das Gewöhnliche haben, denn wer fliegen will, braucht einen soliden Grund für das Abheben.

Was Travers selbst fehlte waren Nähe und Wärme, trotz ihres engen Kontakts zu dem griechisch-russisch-armenischen Mystiker und spirituellen Lehrer Georges Gurdjieff, der in Paris eine Schar von Adepten um sich versammelt hatte. Also adoptierte sie ein Kind, den Enkel eines irischen Literaten. Der Säugling hatte aber einen Zwillingsbruder, den Travers nicht in ihre kleine Familie aufnahm. Der Sohn Camillus wurde aufgezogen in dem Bewusstsein, dass sein Vater früh gestorben sei; umso schlimmer war es für ihn, mit siebzehn Jahren dem Zwillingsbruder zu begegnen und seine reale Herkunft zu erfahren. Das Leben der beiden Männer wurde nicht sehr glücklich und war viele Jahre vom Alkohol bestimmt. Bezeichnenderweise setzte Travers im Testament eine Stiftung zugunsten ihrer Enkel ein, damit deren Vater das Vermögen nicht vertrinken konnte. Und ein Vermögen hatte ihr Mary Poppins eingebracht, aber nicht nur durch die Bücher.

Mehr als vierzehn Jahre versuchte Walt Disney, von Travers die Rechte an ihrem Bestseller zu erwerben, und genauso lange widersetzte sich die Autorin den Wünschen des Amerikaners. Sie änderte ihre Meinung erst, als der Absatz ihrer Bücher nachließ und sie sich Sorgen zu machen begann wegen ihrer Finanzen. Die Gespräche mit der sehr stur verhandelnden Autorin zogen sich hin, führten dann aber zu einem Ergebnis, das Travers ökonomisch befriedigte, künstlerisch jedoch nicht ihre Zustimmung fand. Die Mary Poppins à la Disney war eine reizende, verbindliche, liebenswerte junge Frau und nicht die spröde, anarchische, herrische Nanny von Travers. Zumindest ihre finanziellen Sorgen aber waren behoben. Sie hatte sich im Londoner Stadtteil Chelsea ein Haus gekauft, ihr Sohn wohnte mit seiner Familie in der Nähe, und ihre letzten Jahre waren vielleicht etwas weniger einsam. Hochbetagt starb sie 1996. Ihre Asche wurde auf dem Friedhof von Twickenham beigesetzt, die Grabplatte trägt nur den Namen »Pamela Travers« – die Fans von Mary Poppins aber wissen, wer hier bestattet ist.

Julie Andrews als Mary Poppins in dem US-amerikanischen Musical-Fantasyfilm aus dem Jahr 1964

ERSTMALS ERSCHIENEN 1946 · DAS KLEINE WEISSE PFERD ·

Elizabeth Goudge
1900-1984

E ine der erfolgreichsten englischen Autorinnen rückte dadurch wieder in das Interesse der literarischen Öffentlichkeit, dass eine andere, allerdings noch erfolgreichere Autorin, ein Buch von ihr als besonders einflussreich für das eigene Schaffen bezeichnete. Den romantisch-fantastischen Roman *Das kleine weiße Pferd* von **Elizabeth Goudge** nennt J. K. Rowling als ihre Lieblingslektüre in der Jugend und meint, man würde dessen Wirkung auch daran merken, dass in der *Harry Potter*-Serie ähnlich detailliert über Essen und Mahlzeiten geschrieben werde wie bei Goudge. Doch auch ohne Rowlings Erinnerungen erreichte das weiße Pferd, das eigentlich ein Einhorn ist, im literarischen Zoo Klassikerstatus. Einen derartigen Erfolg hatte Goudge vielleicht erhofft,

aber nie erwartet, denn ihr erstes Buch – kurze Geschichten für Kinder, geschrieben mit neunzehn Jahren – war ein Reinfall gewesen; und ihr nächstes erschien erst fünfzehn Jahre später. Doch von klein auf hatte sie in einer eigenen, teilweise märchenhaften Welt gelebt, die ihre »Nahrung« aus der fast noch mittelalterlichen Realität erhielt, in der die kleine Elizabeth de Beauchamp Goudge aufwuchs.

1900 wurde sie im südenglischen Wells nahe der Kathedrale geboren – ihr Vater unterrichtete dort angehende Theologen –, und der *Vicars' Close* war ebenso wie der Bischofspalast samt Park das Abenteuerland für die Kinder der Geistlichkeit. Goudge war ein wildes, aber auch ängstliches Kind, das auf hohe Bäume kletterte, sich aber nicht herunterwagte. Vielleicht war das Wilde ein Erbteil der Mutter. Diese stammte von der Kanalinsel Guernsey, war nach England gekommen, um Medizin zu studieren, war begeisterte Radfahrerin, forsche Fechterin und überhaupt für die damalige Zeit eine sehr moderne Frau. Nach einem schweren Unfall, dessen Folgen nicht richtig behandelt wurden, war sie jedoch meistens auf einen Rollstuhl und Pflege angewiesen.

Als einziges Kind ist Elizabeth der verwöhnte Mittelpunkt der kleinen Familie, was sie genießt, auch wenn sie später in ihrer Autobiografie *Regenbogen meines Lebens* die negative Wirkung des »Prinzessinnen-Daseins« beschreibt.

Für sie ist das Leben im Schatten der Kathedrale ein Leben im *fairyland*, und es hatte nicht nur Einfluss auf die »äußere« Welt des Kindes, sondern vielleicht noch stärker auf die »innere«, die Fantasiewelt. Und so verwundert es nicht, dass Kathedralstädte – erst Wells, dann Ely – sowie später die Universitätsstadt Oxford auch in ihren Romanen eine große Rolle spielen. Sie entwickelt eine etwas naive Frömmigkeit, die mögliche Epiphanien und den Glauben an Wunder nicht ausschließt. In ihren Erinnerungen widmet Goudge ein Kapitel den »außersinnlichen Wahrnehmungen«, also Geistern, Gespenstern und anderen supranormalen Wesen, die in einer nicht genau definierten Weise zu ihren eigenen Erfahrungen gehörten. Diese Begegnungen beschreibt sie mit dem leichten Schauder eines Menschen, der Unerklärliches erklären möchte, aber nur Unheimliches wahrnimmt.

Vierung der Cathedral Church of The Holy and Undivided Trinity von Ely in Cambridgeshire

1911 zieht die Familie von Somerset nach East Anglia, da der Vater eine neue Aufgabe in Ely übernimmt, und auch hier ist es natürlich die Kathedrale, von der die jetzt etwas ältere Elizabeth nachhaltig beeindruckt wird. Während es in Wells die in die Höhe zum Kapitelhaus steigende Wendeltreppe ist, von der die Besucher fasziniert sind, ist es in Ely das Oktogon der Vierung, das in himmlische Höhen weist. Wells lag geschützt im sanften Hügelland Südenglands, Ely hingegen im flachen, feuchten Fenland von Cambridgeshire, mit Überschwemmungen und stürmischen Winden im Herbst und Winter. Sie wird, wie damals üblich, daheim von einer Gouvernante unterrichtet, und erst mit vierzehn kommt sie in ein Internat – so altmodisch, dass sich auch Jane Austen dort wohlgefühlt hätte. Die Mädchen wurden für ein Gesellschaftsleben erzogen, das sich spätestens nach dem Ersten Weltkrieg völlig überlebt hatte. In ihren Erinnerungen verweist Goudge darauf, dass sie das Wichtigste, was sie in diesem Internat gelernt hatte, nämlich den Hofknicks, niemals verwenden konnte, da sie nicht bei Hofe präsentiert wurde.

Zwar war es seit Ende des 19. Jahrhunderts für Frauen möglich, in Oxford oder Cambridge zu studieren, doch hatte die Schulausbildung in dem »Institut für gute Manieren« leider nicht auf ein Studium vorbereitet. Obendrein waren die Zeugnisse der jungen Absolventin ziemlich miserabel, und das einzige positive Urteil darin besagte, dass ihre Schreibbegabung Unterstützung verdiene. Die andere »Karrieremöglichkeit« für junge Frauen, die vor 1914 fast noch Normalität war, nämlich eine Heirat, gab es nur eingeschränkt nach den schrecklichen Verlusten des Krieges, nach der Auslöschung einer ganzen Generation junger Männer. Dem Rat der Mutter folgend, besuchte Elizabeth Goudge ein College in Reading, um das Kunsthandwerk zu lernen und später Kinder mit Behinderungen zu unterrichten. Denn Kinder liebte sie besonders, doch ihre Hoffnung auf eigene blieb unerfüllt.

1923 erhält der Vater die Berufung zum *Regius Professor of Divinity* in Oxford, eine Ehre, die dem Rang eines Bischofs vergleichbar ist und zum Empfang bei Hofe berechtigt – Elizabeth hätte nun sogar ihr Hofknickstraining nutzen können. Die Familie zieht in die »Dienstwohnung« des Professors am Great Quadrangle vom Christ Church College, gegenüber dem Tom Tower, mit viel Leben und Lärm. Für die invalide Mutter wird ein Haus in Küstennähe gekauft, damit sie Ruhe in frischer Luft haben kann, aber auch Elizabeth fühlt sich nicht sonderlich wohl in Oxford. Sie hat bis dahin immer im Schatten von Kathedralen gelebt und verbindet mit diesen die unterschiedlichsten Gefühle. Wells war die Kirche der Geborgenheit und Zuflucht, Ely die der Strenge und Dominanz, Oxford die des Lärms und der Kälte.

Das Unterrichten von kunsthandwerklichen Fertigkeiten gab sie bald wieder auf. Zögernd, aber dennoch zielstrebig, wandte sie sich endlich wieder dem Schreiben zu, ihrer eigentlichen Berufung. Anfangs verfasste sie Theaterstücke, erhielt diese aber alle von den Verlagen zurück; in einer Ablehnung hieß es, sie schreibe vielversprechend und solle es doch mit einem Roman versuchen. Und das tat Elizabeth Goudge! Die Insel Guernsey und die Erzählungen der Mutter waren ihre Inspiration für den Roman, der 1934 unter dem Titel *Inselzauber* erschien und sofort ein großer Erfolg wurde. Nach dem Tode des Vaters zog man in den kleinen Ort Marldon in Devon, zwischen dem Dartmoor und Torquay gelegen.

In ihrem Bestseller *Das kleine weiße Pferd* (1946) macht sie das Faszinierende der Landschaft von Devon, das Magische von Vergangenheit und Gegenwart sogar zum Thema, was sicher zu der riesigen Wirkung des Romans beigetragen hat. Mitte des 19. Jahrhunderts kommt die kleine Maria Merryweather mit ih-

Treppe in der Kathedrale St Andrew in Wells, Somerset

rer Erzieherin Miss Heliotrope und ihrem trägen, gefräßigen Hund Wiggins zu ihrem Onkel auf den Herrensitz Moonacre nahe Silverydew – allein die Namen sind bereits zauberhaft. Es scheint eine friedliche Idylle zu sein, doch das Böse ist nicht fern. In der Nachbarschaft lebt Sir Cocq de Noir, und zwischen seiner Familie und den Merryweathers wird seit vielen hundert Jahren eine Fehde ausgetragen, aber durch ihren mutigen Einsatz versöhnt Maria die Gegner. Es gibt wohl kaum ein schöneres Happy End als in diesem Roman: drei Hochzeiten, kein Todesfall und Frieden im acht-hundertjährigen Krieg zweier Fami-lien. Das Ende ist so schön, dass nur ein kaltes Herz nicht vor Rührung schmilzt!

Christ Church College mit Kathedrale, Oxford

Elizabeth ist nun endlich die Erfolgsautorin, die sie immer – trotz aller Bescheidenheit – zu sein hoffte. Neben dem Schreiben widmet sie sich der Pflege ihrer Mutter, und als diese 1951 stirbt, weiß sie nicht, wie sie ihre Einsamkeit bewältigen kann. Sie zieht wieder nach Oxfordshire, in die Nähe von Henley, und kauft ein Haus namens »Rose Cottage«. Mit diesem Namen gibt es Hunderte von Häuser in England, die zugleich der Inbegriff ländlicher Idylle auf der Insel sind. Eine Verwandte schickt Goudge eine junge Frau zur Gesellschaft, die fast ihre Tochter sein könnte, und mit ihr beginnt eine neue Gemeinschaft bis zum Tod. Die religiöse Erziehung durch ihren Vater lässt sie Bücher schreiben, die ihre Glaubensstärke zum Ausdruck bringen wie zum Beispiel ein Werk über Franziskus von Assisi. Auch schließt sie sich der *Society of the Precious Blood* an, um in anglikanischer Gemeinschaft ihren Glauben leben zu können. Sie stirbt 1984 in dem uralten Cottage nahe der Kirche.

ERSCHIENEN 1968 · ERDSEE · ERSTMALS

*Ursula
Kroeber Le Guin*

1929-2018

Ohne Zauber, Zauberer und Zaubereien geht es nicht im Reich der literarischen Fantasy, und das weiß auch die bedeutende amerikanische Autorin in diesem Genre, **Ursula Kroeber Le Guin**. Jedoch würde sie schon der Begriff »Genre« ärgern, denn zum einen ist es ihr großer Wunsch, prinzipiell als *»american novelist«* wahrgenommen zu werden, zum anderen grenzt der Ausdruck nach ihrer Meinung Fantasy-Texte zu sehr ein. Ihr geht es immer um das Gegenteil, um die Grenzüberschreitung zwischen Realismus und Fantasy. Zu diesem Thema hat sie sich dezidierter als viele andere Autoren geäußert, was vielleicht auch auf ihre »akademische« Kindheit zurückzuführen ist.

Ursula Kroeber Le Guin wurde 1929 in Berkeley geboren, wo ihr Vater, Abkömmling deutscher Einwanderer, Professor für Anthropologie war und auch ihre Mutter anthropologische Studien betrieb. Es war ein lebhafter, diskussionsfreudiger, intellektueller Haushalt, in dem sie aufwuchs. Der Vater besprach bei Tisch seine jeweiligen Forschungen mit den Kindern, wobei Ursula als kleine Schwester sich nur schwer Aufmerksamkeit verschaffen konnte und immer besonders laut sprechen musste, um nicht übertönt zu werden – eine Angewohnheit, die blieb. Es blieb auch die »Angewohnheit« zu schreiben; schon als Kind hatte sie damit begonnen. Nach der Schule graduiert sie am Radcliffe College, setzt ihr Studium der französischen und italienischen Literatur an der Columbia University in New York fort und erhält ein Fulbright-Stipendium, um in Paris für ihre Dissertation zu forschen. Auf der Überfahrt lernt sie einen jungen Historiker mit bretonischem Namen kennen, der ebenfalls als Fulbright-Stipendiat nach Paris reist; sie bleiben zusammen und heiraten bald.

Nach der Rückkehr in die USA legt Le Guin ihre Doktorarbeit beiseite, jobbt als Sekretärin, unterrichtet Französisch und zieht die Kinder groß. Ihr Mann erhält eine Professur, und die Familie zieht 1959 nach Portland in Oregon, in ein Haus am Berghang mit Blick in die Weite und auf die Berge, darunter den vulkanisch aktiven Mount St. Helens. Mit der Übersiedlung nach Oregon beginnt in jeder Hinsicht ein neuer Lebensabschnitt, endlich kann sie sich nun ganz dem Schreiben widmen. Ihr Mann unterstützt sie, und sie sagt später, dass Ehe und Familie – sie hat drei Kinder – ihrem Leben und Schreiben Stabilität verliehen hätten. Sie ist politisch engagiert, und ihre Fantasy-Romane beschreiben in neuartiger Weise gesellschaftliche Probleme, als da sind Rassismus, Sexismus oder auch Militarismus. Schließlich bekommt ihre Karriere die erhoffte Wendung: Ihre Bücher werden von Verlagen angenommen.

a wizard of earthsea

ursula k. le guin drawings by ruth robbins

Einer ihrer erfolgreichsten Romane ist *Der Magier der Erdsee* (*A Wizard of Earthsea*, 1968), dem noch weitere Bände folgen. In einem Interview gefragt nach der Inspiration für dieses Buch, erklärt Le Guin, sie hasse es zuzugeben, dass es der Verleger war, der sie bat, etwas für Kinder ab elf Jahren zu schreiben. Doch auch Erwachsene werden später zu den begeisterten Lesern der Geschichte von Ged, dem Zauberer, gehören. Der junge Magier lebt in ferner Zeit auf einem fernen Archipel im Irgendwo. Um seine Zauberkräfte auszubilden und sie nutzen zu können, muss er eine Zauberschule besuchen, die eine spezielle Magie vermittelt. In Erdsee beruht diese auf dem Zauber, der den Worten innewohnt, und deshalb braucht jedes Lebewesen einen richtigen, aber geheimen Namen. Dessen Kenntnis verleiht anderen magische Macht über die jeweilige Person. Der junge Zauberer muss viele Abenteuer bestehen und wird zum Schluss von einem Drachen gerettet, denn ohne Drachen ist Fantasy nur halb so fantastisch.

Nicht selten werden Beziehungen hergestellt zwischen dem Magier von Erdsee und Harry Potter, was Le Guin nicht sonderlich schätzt. Sie konzediert J. K. Rowling, dass sie der Fantasy-Literatur einen gewaltigen Schub gegeben habe, doch sie mischt Bedauern in diese Aussage. Rowling hätte sich deutlicher auf ihre Vorgänger beziehen dürfen. Und auch die an der Britin gerühmte Originalität sieht Le Guin mit Skepsis. In den letzten Jahren wurde die Amerikanerin als Kandidatin für den Nobelpreis gehandelt, und sie selbst schien an dieser Vorstellung durchaus Gefallen zu finden. Als ein Interviewer anmerkte, für Fantasy gäbe es keinen Nobelpreis, meinte Le Guin ironisch, dann müsse sie eben etwas für den Frieden tun.

Im Januar 2018 stirbt Le Guin nach längerer Krankheit; im *Memorial Service* gedenken ihrer prominente Kollegen wie Margaret Atwood.

J. K.
Rowling
*1965

Auch wenn nicht alle Kritiker oder Kollegen das Werk von **J. K. Rowling** positiv sehen – an dem ungeheuren Erfolg, den ihre Bücher haben, ändert das nichts. Und dieser Erfolg begann nicht mit einer großen Werbekampagne, sondern mit einem kleinen Jungen, dessen Schicksal, dessen Erlebnisse mysteriös und anrührend zugleich sind. Harry Potter, das magisch begabte Waisenkind, begegnete der Autorin wie aus dem Nichts, als diese auf der Zugfahrt von Manchester nach London während einer Verspätung Zeit hatte, über ihr Schreiben nachzudenken. Und das war es, was sie sich seit ihrer Kindheit wünschte – eine Schriftstellerin zu werden.

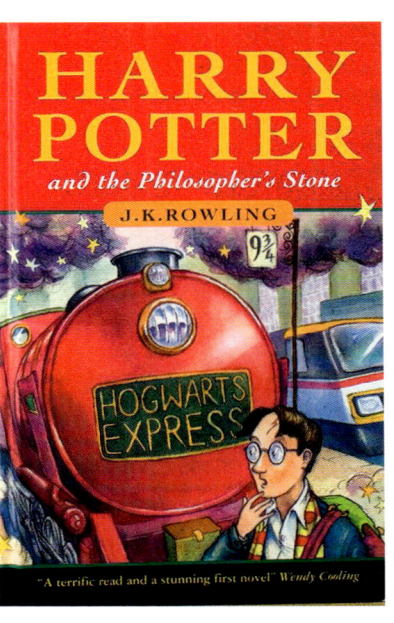

Die erste englische Ausgabe aus dem Jahr 1997

Joanne Rowling – das K für Kathleen, den Vornamen ihrer Großmutter, fügte sie erst später auf Wunsch des Verlegers ein – wurde 1965 in einem kleinen Ort in Gloucestershire geboren. Es war einerseits eine behütete Kindheit, in der die Mutter sie immer zum Lesen ermunterte; andererseits war es belastend für das junge Mädchen, dass die Mutter an Multipler Sklerose erkrankte, lange litt und zu früh starb. Zu den vielen wohltätigen Aktivitäten von J. K. Rowling gehörte deshalb auch eine großzügige Spende zur Errichtung einer Klinik, die jene Krankheit erforscht. Wichtig für sie blieben die von ihrer Mutter initiierte Lesefreude und damit das spezielle Lebensziel, Bücher schreiben zu wollen. Der erste Text als Sechsjährige handelte von einem kleinen Kaninchen, das Rabbit hieß.

Als sie älter wurde, schenkte ihr eine Tante die Erinnerungen *Hons and Rebels* von Jessica Mitford, der aufsässigen Kämpferin aus altem Adel – ein Buch, von dem Rowling in einem Interview sagt, es hätte ihr Leben verändert. Mitford gehörte ebenso zu Rowlings Vorbildern wie die ähnlich unangepasste Jo aus Louisa May Alcotts Romanen. Nach der Schule studiert Rowling an der University of Exeter Französisch und Klassisches Altertum, ohne nach dem Abschluss ein genaues Berufsziel zu haben. Sie übernimmt Aufgaben bei Amnesty International in London und geht 1990 nach Portugal als Englischlehrerin. Dort heiratet sie einen portugiesischen Journalisten, wird Mutter einer Tochter – die sie nach ihrer Heldin »Jessica« nennt – und kehrt schließlich nach England zurück, denn die Ehe ist nicht glücklich. Da ihre Schwester in Edinburgh lebt, zieht sie dorthin, um wenigstens etwas familiäre Nähe zu haben. Wie Rowling später selbst sagt, war sie damals an einem psychischen Tiefpunkt angekommen – depressiv und elend.

Und hier scheint das Leben von J. K. Rowling Züge eines Märchens zu tragen, das gewisse Ähnlichkeiten mit Cinderella aufweist, auch wenn der Prinz von der Autorin selbst geschaffen wird. Also: Es war einmal eine junge Frau, die schon lange einen Plan und drei fertige Kapitel hatte für einen Roman, den sie schreiben wollte – genauer: für eine siebenteilige Romanserie um einen jungen Zauberlehrling, der Harry Potter heißen sollte. Diese junge Frau wohnte in einer großen Stadt in Schottland und erfuhr, wie demütigend die Existenz einer alleinerziehenden Mutter ist, die von der Sozialhilfe leben muss. Meistens schrieb sie in einem Café an ihrem Buch, um wenigstens ab und zu aus der ungemütlichen Wohnung herauszukommen.

Als das Manuskript fertig war, schickte sie es an einen Literaturagenten, der es vielen Verlagen anbot, die es alle ablehnten (und nun seit vielen Jahren Buße tun) – bis endlich 1997 ein Verleger es mit geringer Auflage druckte und die junge Frau ein Honorar erhielt. Das allerdings war noch nicht märchenhaft. Erst als die Rechte an dem Buch in den USA zu einer exorbitanten Summe versteigert wurden, begann die Karriere von Harry Potter als dem »Super-Bestseller« aller Zeiten. Der Verlag nämlich startete mit einer riesigen Auflage sowie mit einer gewaltigen Werbekampagne, um seine Investitionen zu amortisieren. Und Cinderella erlebte die wunderbare Verwandlung ihrer Existenz von einer armen Frau in eine reiche Schriftstellerin, die sich plötzlich und sehr widerstrebend als »öffentliche« Person wiederfand.

Rowling hatte sicherheitshalber noch eine Ausbildung als Lehrerin absolviert, da der Agent ihr erklärte, sie dürfe keinesfalls ihren Beruf aufgeben, denn mit Kinderbüchern wäre nicht viel Geld zu verdienen. Selbst ein Experte im Verlagswesen konnte die unglaubliche Entwicklung nicht vorhersehen, die sich mit dem literarischen Geschöpf Harry Potter vollziehen würde. Inzwischen haben die *Potter*-Bände eine Auflage von mehr als 400 Millionen erzielt und sind in knapp 70 Sprachen übersetzt worden, dazu kommen noch die hohen Umsätze durch die Verfilmungen. 2007 erschien der letzte Band, und die grandiose

Filmszene aus »Harry Potter und der Stein der Weisen«:
Rupert Grint als Ron Weasley, Daniel Radcliffe als Harry Potter und
Emma Watson als Hermine Granger, 2001

Erfolgsgeschichte dieser Romanreihe ist geradezu symbolisch an den Schreib-orten von Band 1 und Band 7 zu erkennen. Während *Harry Potter und der Stein der Weisen* zu einem großen Teil in einem einfachen Café in Edinburgh geschrieben wurde, beendete Rowling *Harry Potter und die Heiligtümer des To-des* in einer Suite des luxuriösen Balmoral Hotels im Zentrum der schottischen Hauptstadt.

Doch was ist es, das diese Romanserie so ungeheuer beliebt macht? Wie kam es, dass Kinder beim Erscheinen eines neuen Bandes Schlange standen und dann, das gerade erworbene Buch in der Hand, glücklich in einer Ecke zu Boden sanken und mit dem Lesen begannen? Natürlich war manches der Wir-kung einer auf Neugier und Erwartung zielenden Werbung geschuldet, aber das allein konnte es nicht sein. Nicht mehr fünf, sondern drei Freunde (Harry, Ron und Hermine) gehen gemeinsam auf das Internat für Zauberer, erleben miteinander die wildesten Abenteuer, befehden die schlimmsten Unholde, be-wältigen die schwierigsten Zauberaufgaben und leben das merkwürdigste Le-ben, das sich junge Leser nur vorstellen können.

Gleis 9 ¾ im Londoner Bahnhof King's Cross, wo die Züge nach Hogwarts, der Schule für Hexerei und Zauberei, abfahren

Vertraut ist das Genre »Schulgeschichte« und beliebt das Genre Fantasy, auch Horror und Romantik sind zu erkennen, doch entscheidend ist die spezielle Spannung, die vom ersten bis zum siebten Band aufgebaut wird. Diese erwächst aus dem Kampf zwischen Leben und Tod, zwischen Gut und Böse, aus der existenziellen Gefährdung des Menschen und aus dem Sieg der Liebe über den Hass und über das Verderben. Es treten sehr viel furchterregendere Wesen als beispielsweise Drachen auf, denn diese können in manchen Geschichten auch nett sein. Alle Bösewichte, alle monströsen Ungeheuer aber müssen sich den jungen Zauberern geschlagen geben. Vergnüglich sind die Beschreibungen köstlichster Genüsse, bei denen sich Rowling, wie sie einmal sagte, an Goudge erinnert habe. Nicht nur die festlichen Dinner in Hogwarts mit opulenter Speisenfolge, sondern auch das Angebot in den Regalen des »Honigtopfes«, eines Süßwarenladens mit Gläsern voller *sweets*, lassen jugendlichen Lesern das Wasser im Munde zusammenlaufen.

Das Besondere an J. K. Rowling ist, dass sie als eine der reichsten Frauen Großbritanniens nie vergessen hat, wie schwer erträglich Armut ist, und sie sich deshalb in einem großen Ausmaße als Wohltäterin engagiert. Sie unterstützt eine Stiftung für alleinerziehende Mütter, war Mitbegründerin einer Gesellschaft, die sich für eine bessere Behandlung behinderter Kinder in verschiedenen Ländern einsetzt, hilft mit bei vielen Veranstaltungen, deren Erlös Organisationen wie »Ärzte ohne Grenzen« oder »Comic Relief« zugutekommt. Ihre Leistungen wurden auch durch die Verleihung zahlreicher Ehrendoktorhüte und vieler Literaturpreise gewürdigt. 2001 schließt sie eine neue Ehe mit einem schottischen Arzt, in der zwei Kinder geboren werden. Natürlich schreibt sie weiter, wobei sie mittlerweile Krimis verfasst, die unter einem Pseudonym erschienen. Diese wurden anfangs von mehreren Verlagen abgelehnt – eine sehr vertraute Erfahrung für die derzeit erfolgreichste Autorin der Welt.

Cornelia
Funke
*1958

Wenn eine Schriftstellerin als die »deutsche J. K. Rowling« bezeichnet wird, so ist das zwar einerseits schmeichelhaft, andererseits kann es jedoch sehr ungerecht sein. Das gilt jedenfalls für **Cornelia Funke**, die seit 1988 veröffentlicht. Ähnlichkeit mit der Britin besteht vielleicht darin, dass Funke ihre große Anerkennung anfangs vor allem in den USA fand und ihre Bücher nicht nur jugendliche, sondern auch erwachsene Leser haben. Anders als Rowling aber bietet Funke mannigfache Themen, präsentiert unterschiedliche Helden wie Heldinnen und schreibt in diversen Genres. Da gibt es emanzipatorische Mädchenbücher um die Bande der *Wilden Hühner*, Gruseltexte mit den einsatzfreudigen Gespensterjägern, spannende Abenteuer in Venedig mit dem *Herrn der Diebe* und verschiedene Fantasy-Romanreihen, in denen Drachen und andere merkwürdige Lebewesen eine nicht unbedeutende Rolle spielen.

Cornelia Funke wurde 1958 in Dorsten geboren, einer kleinen Stadt im nördlichen Ruhrgebiet. Nach dem Abitur studiert sie Pädagogik in Hamburg und arbeitet anschließend als Erzieherin auf einem Spielplatz. Daneben absolviert sie ein weiteres Studium und intensiviert ihr Interesse an Buchillustrationen. Ähnlich wie andere Autorinnen kommt auch Funke auf diesem Wege zum Bücherschreiben. Die Doppelbegabung ermöglicht es ihr, mit einfühlsamen Bildern das Geschriebene zu visualisieren und vielleicht auch einen

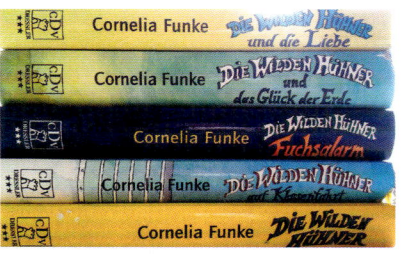

Die 6-bändige Reihe
»Die Wilden Hühner«
erschien von 1993 bis 2003.

kleinen Einblick in den Schaffensprozess zu gestatten. Besonders schön wirkt dies bei dem Band *Drachenreiter*, in dem der gezeichnete Drache gleich viel freundlicher und fast schon »knuddeliger« wirkt, als eine verbale Beschreibung ihn schildern könnte.

Funke bleibt in Hamburg, wo sie in einem der naturnahen Stadtteile im Nordosten wohnt, heiratet, bekommt zwei Kinder und schreibt und schreibt. Ihr Mann gibt seinen Beruf auf und hält ihr den Rücken frei, was für sie die nicht immer leicht zu tragende Verantwortung für den Unterhalt der Familie bedeutet, was aber – so Funke in einem Interview – der Schreibdisziplin sehr förderlich war. Noch ist sie nicht die Erfolgsautorin. Noch würde ihr die Aussicht, Millionärin zu werden, wie ein Märchen in ihren Büchern erscheinen.

Doch ihr erstes Buch wird gleich von einem Verlag angenommen, und die Helden sind – wie auch in späteren Büchern – helfende Kinder und ein suchender, durchaus freundlicher Drache. Aber nicht alle ihre späteren Fantasy-Romane sind von netten Wesen bevölkert, denn der entscheidende Kampf bleibt der zwischen Gut und Böse, zuweilen noch der zwischen Lebenden und Untoten. In der englischen Tageszeitung *The Guardian* gibt Cornelia Funke angehenden Autorinnen und Autoren von Geistergeschichten Tipps, die ihnen weiterhelfen könnten. Wichtig ist eine unheimliche Atmosphäre, vielleicht eine kalte, neblige Nacht auf einem Friedhof. Dann sollte der Geist eine richtige Biografie haben und so *vor* dem Autor erscheinen, dass er ihn schaudernd *hinter* sich fühlt.

»Herr der Diebe« erschien im Jahr 2000 auf Deutsch, 2002 als »The Thief Lord« auf Englisch und wurde 2006 verfilmt.

Mit diesen und anderen Prinzipien werden ihre Bücher immer erfolgreicher, doch der entscheidende Durchbruch stellt sich erst bei einem internationalen, vor allem englischsprachigen Publikum ein. Deshalb lässt sie von dem in Deutschland vielgelesenen Buch *Herr der Diebe* eine englische Rohübersetzung anfertigen, und unter dem Titel *The Thief Lord* wird dieser Roman in den USA ebenfalls ein »Renner«. Ein weiterer Erfolg, national wie international, war der Roman *Drachenreiter* (1997), in den Vereinigten Staaten wenige Jahre später erschienen und auch dort gleich in den Buch-Charts auf den ersten Plätzen gelandet. Ein junger Drache, der seine Mit-Drachen vor der Vernichtung bewahren will, fliegt mit dem Waisenknaben Ben auf dem Rücken auf der Suche nach dem rettenden Drachenversteck zum Himalaja. Ihm und seinen Helfern gelingt es, den bösen Widersacher zu vernichten und einer vermutlich ungefährlicheren Zukunft entgegenzugehen beziehungsweise entgegenzufliegen. Die jungen und älteren Leser mussten lange warten, um mit dem neuen Band

Die Feder eines Greifs (2016) endlich zu erfahren, was das Schicksal für die Helden noch bereithält.

Mehrere Bücher von Cornelia Funke wurden verfilmt, und da Hollywood zu den Interessenten gehörte, zieht die Familie 2005 nach Los Angeles. Nun wird die Arbeit leichter, doch das Leben schwerer, denn kaum ein Jahr später stirbt ihr Mann an Krebs. Funke gelingt es, sich über die Trauer hinwegzuretten – nicht zuletzt mit dem Schreiben, dem sie den Übergang in ein »zweites Leben« verdankt, wie sie später erklärt. In einem Interview sagt sie sehr realistisch, das Ziel des Lebens sei nicht unbedingt das Glück. Inzwischen erreichen ihre Bücher Millionenauflagen, sind in viele Sprachen übersetzt und haben weltweit Leserinnen und Leser.

Im Laufe der Jahre erhält Cornelia Funke viele Ehrungen. 2005 rechnet das US-Magazin *Time* sie zu den 100 einflussreichsten Menschen auf der Welt. Der britische Laudator Clive Barker, ebenfalls ein Fantasy-Autor, erklärt: »In kurzer Zeit hat sie sich auf ihre Art und Weise in die Herzen und Vorstellungswelten ihrer Leser hineingeschrieben.« 2007 erhält sie das Bundesverdienstkreuz am Bande, und

Illustration aus »Drachenreiter« von Cornelia Funke

dann gibt es eine große Reihe an literarischen Auszeichnungen – vom Annette-von-Droste-Hülshoff-Preis bis zum »Hamburger Tüddelband«, wobei die westfälische Herkunft und die hanseatischen Jahre gleichermaßen im Fokus erscheinen.

Trotz ihrer großen Erfolge ist es für Cornelia Funke nicht immer leicht, sich gegen ihre amerikanischen Verleger durchzusetzen. Als diese bei ihrem Roman *Reckless. Das goldene Garn* ein anderes, ein offenes, harmonisierendes Ende wünschten, zog sie die Konsequenz und gründete einen eigenen Verlag. Und der hat sicher kein offenes Ende, sondern eine sichere und produktive Zukunft!

Tierische und andere Lieblinge

»Aber«, fuhr sie fort, »die Menschen sind sehr unterschiedlich. Es gibt gutmütige, verständige ... aber es gibt auch böse, herzlose Menschen, die gar keine Pferde oder Hunde besitzen dürften. Und dann gibt es auch noch viele törichte, eingebildete, unwissende und leichtsinnige Menschen, die zum Nachdenken zu träge sind ...«

AUS: ANNA SEWELL, »BLACK BEAUTY«

Was ist tröstlicher für Kinder – und zuweilen auch für Erwachsene –, als ein weiches, scheinbar mit Fell überzogenes Stofftier im Arm zu halten, mit dem sich kuscheln lässt, dem man die Sorgen ins leider taube Ohr flüstert und das keinen Widerstand leistet, wenn es mit aller Kraft geknuddelt wird. Besonders beliebt als Empfänger solcher Zärtlichkeiten sind Bären, genauer Teddybären, wie solche Kuscheltiere angeblich nach dem US-Präsidenten Theodore »Teddy« Roosevelt genannt werden. Kleine Kinder und kleine Bären leben oft in inniger Verbundenheit, weshalb es nicht verwundert, dass in vielen Kinderbüchern die Hauptrolle mit einem Bären besetzt ist. Deshalb hier ein herzlicher Gruß an Paddington und Winnie-the-Pooh! Werden die Kinder größer, wachsen gewissermaßen auch die Lieblingstiere mit, und da große Bären nicht mehr die menschliche Nähe schätzen (und Menschen wohl nicht die Bärennähe), wenden sich viele Tierfreunde – und vor allem Tierfreundinnen – den Pferden zu. Wenn ihnen dann diese besonders wichtig sind, schreiben sie darüber auch ein Buch.

ERSTMALS ERSCHIENEN 1877 · BLACK BEAUTY ·

Anna Sewell

1820-1878

Bei einer Autorin war es überhaupt nur *ein* Buch, das sie in ihrem Leben schrieb, aber das entfaltete große Wirkung und wird bis heute gelesen. Dieses Buch erschien 1877 in England unter dem Titel *Black Beauty*, den es in den meisten Übersetzungen beibehielt, auch wenn man es 1891 in Deutschland sinnigerweise als *Schön Schwarzhärchen* und bald danach unter dem Titel »Rabe« Lebensgeschichte e. *Pferdes von ihm selbst erzählt* erscheinen ließ. Die Autorin des Romans war **Anna Sewell**, 1820 in Great Yarmouth, Norfolk, geboren. Später wechselte die Familie häufig den Wohnsitz, da der Vater sich in verschiedenen Berufen versuchte – vom Bauern, Brauer bis zum Banker. Sie verlebte eine idyllische Kindheit auf dem Lande, wo sie ständig auf der Farm der Großeltern zu Besuch war, inmitten vieler Tiere aufwuchs und reiten lernte – natürlich im Damensattel, was schwierig und nicht ungefährlich war.

Als Anna zwölf war, zog die Familie nach Stoke Newington (Hackney), damals dörflich und idyllisch, heute ein Stadtteil im Norden Londons. Trotz der schwierigen ökonomischen Situation, die keine Dienstboten zuließ und die Kinder zur Hilfe im Hause verpflichtete, war die ländliche Umgebung ein wunderbarer Spielplatz, auf dem Anna sogar Bienen züchten konnte – ein lebenslanges Hobby. Doch das Glück dieser Kindheit endete mit einem Unfall, der Annas weiteres Leben entscheidend bestimmen und verändern sollte. Auf dem Heimweg von der Schule stürzte sie im Regen, verletzte sich ihre Knöchel schwer, und da die medizinische Behandlung unzureichend war, konnte sie sich nur noch mit Krücken und unter Schmerzen bewegen. Deshalb war es gut, dass sie gelernt hatte, zu reiten und eine Kutsche zu lenken, so konnte sie weiterhin am gesellschaftlichen Leben teilnehmen. Vor allem aber wurde sie nicht nur sicher im Umgang mit Pferden, sondern sie beobachtete auch genau, wie ihre Mitmenschen diese edlen Tiere behandelten. Es brauchte viele Jahre, bis aus den Erfahrungen ein Buch wurde.

Vater und Mutter Sewell hatten viele Geschwister und diese wiederum viele Kinder, und alle gehörten zu der *Religious Society of Friends*, gemeinhin Quäker genannt. Die Prinzipien dieser religiösen Gemeinschaft verlangten nach Wohltätigkeit für den Nächsten und nach guter Behandlung aller Kreaturen. Anne Sewell und ihre Mutter Mary, die ebenfalls als Schriftstellerin tätig war, hatten allerdings Glaubenszweifel, wechselten zur anglikanischen Kirche und ließen sich taufen. 1836 zieht die Familie nach Brighton, wo der Vater eine Bank übernimmt. Das Wohnhaus liegt in der Nähe des Royal

Pavilion, eine vornehme Gegend, in deren Hinterhöfen aber das Elend lebt. Anna und ihre Mutter haben hier ein großes Betätigungsfeld für ihre Hilfsbereitschaft und Fürsorge. So unterrichtet Anna in der Sonntagsschule, besucht mit ihrer Mutter Arme und Kranke, sammelt Spenden, spendet selbst

und tut all das, was in einer Zeit ohne soziale Absicherung aus religiös-humaner Verantwortung getan werden kann.

Von 1871 an wird die kränkelnde Anna zunehmend schwächer, sie verbringt den Tag liegend und muss von der Mutter gepflegt werden. Im selben Jahr notiert sie in ihr Tagebuch, dass sie über das Leben eines Pferdes schreibt, und dies wird ihre Hauptbeschäftigung in den nächsten Jahren sein. Die Mutter hilft bei der Korrektur des Manuskriptes und empfiehlt Anna an ihren eigenen Verleger in London. Dieser veröffentlicht 1877, kurz vor Weihnachten, den Band unter dem Titel: *Black Beauty: His Grooms and Companions. The Autobiography of a Horse. Translated from the Original Equine.* Selbst wenn das Publikum kaum eine »Pferdesprache« für möglich hielt, so war der Titel doch so ungewöhnlich und originell, dass das Buch sofort Aufsehen erregte und ein Bestseller wurde. Vom Tage des Erscheinens an wird der Roman niemals vergriffen sein und zu den auflagenstärksten Büchern aller Zeiten gehören. Bald erscheint er als »Raubdruck« in den USA, und der dort eingefügte Untertitel zeigt die Intention des Verlegers: *The »Uncle Tom's Cabin« of the Horse.* In seinem Vorwort schreibt er von seiner Hoffnung, dass dieses Buch dieselbe Wirkung habe in der Abschaffung von Grausamkeit gegen Pferde wie Onkel Toms Hütte sie gehabt hätte bei der Abschaffung der Sklaverei. Was aber machte diesen Roman so besonders und wirkungsvoll?

Der Erzähler ist der schwarze Hengst Black Beauty, weshalb das Buch auch eine »Übersetzung« benötigte. Diese spezielle »Vermenschlichung« sorgte dafür, dass die Leser das Schicksal des Tieres mit großer Anteilnahme verfolgten, sich in die Perspektive des Pferdes hineinversetzten und sich aufgerufen fühlten, misshandelten Kreaturen zu helfen. Black Beauty wächst bei seiner Mutter auf einer Farm auf und erinnert sich jener Jahre als an die schönsten seines Lebens, da er vom Besitzer gut behandelt wird. Dann verkauft man ihn als Kutschpferd, und die Lady des Hauses verlangt aus sozialer Eitelkeit Aufsatzzügel *(bearing rein)*, die den Kopf des Pferdes immer hochhalten, weil das angeblich eleganter aussieht. Zugleich aber bedeutet dieses Geschirr Schmerz, Verletzungen und ein kürzeres Leben für das Tier. Sewells Buch verhalf zur Einsicht, rücksichtsvoller mit der Kreatur umzugehen. Die allerschlimmste Zeit macht Black Beauty durch, als er in London Droschken ziehen muss und von den Kutschern unbarmherzig mit Peitschen angetrieben wird. Doch dann sorgt ein kleiner Junge dafür, dass er nicht zum Abdecker, sondern wieder aufs Land kommt. Er wird fürsorglich behandelt, seine Lebensgeister erwachen, und er fühlt sich wieder so glücklich wie im ersten Kapitel. Für das Publikum war nicht

nur das Schicksal des schönen Pferdes bemerkenswert, sondern man war auch erstaunt, dass eine Frau so viel »Pferdeverstand« hatte wie die Autorin. Ursprünglich nicht unbedingt als Buch für Kinder gedacht, wurde es jedoch bald eines der erfolgreichsten Werke für junge Leserinnen und Leser weltweit.

Anna Sewell überlebte das Erscheinen ihres einzigen Buches nur wenige Monate. Sie starb im Frühjahr 1878 und wurde in Old Catton, heute ein nördlicher Vorort von Norwich, beigesetzt. Ihre Prominenz konnte nicht verhindern, dass man die Grabstätte wie den gesamten Friedhof 1984 illegalerweise zerstörte. Trotz vieler Proteste wurde nur der Grabstein gesäubert und in die Wand des anliegenden Hauses eingemauert. Angesichts der Bedeutung, die Anna Sewell in der Welt gewonnen hatte, eine unzureichende »Wiedergutmachung«.

ERSTMALS ERSCHIENEN 1935 · NATIONAL VELVET ·

Enid Bagnold

1889-1981

Kaum ein größerer Kontrast ist denkbar zwischen zwei Autorinnen, die beide über Pferde und Reiten schrieben, als der zwischen der unverheirateten, frommen, unvermögenden, häuslichen Anna Sewell und der lebens- und liebeslustigen, reich verheirateten Gesellschaftslady **Enid Bagnold**. Während für Anna fast immer Wohltätigkeit Vorrang hatte und sie sich erst intensiv dem Schreiben widmete, als sie nicht mehr das Haus verlassen konnte, war für Enid das Schreiben stets von existenzieller Bedeutung. Enid Bagnold, 1889 im südenglischen Rochester in eine Offiziersfamilie geboren, wurde recht frei erzogen, auch wenn der Vater – wohl berufsbedingt – auf Disziplin achtete. Sie kam auf ein Internat, das die Mutter von Aldous Huxley leitete, und dort errang sie erste »Dichterlorbeeren« mit einem langen Poem.

Da man ihr Zeichentalent erkannt hatte, durfte sie Kunstunterricht bei dem schon damals sehr prominenten Maler Walter Sickert nehmen. Sie verliebte sich in ihn, doch er erwiderte ihre Avancen nicht. Dann brach der Krieg aus, und Enid arbeitete anfangs in einem Hospital. Die dort gemachten schrecklichen Erfahrungen verarbeitete sie 1917 sehr drastisch und sehr erfolgreich in dem Buch *A Diary Without Dates*, das bei der Krankenhausleitung verständlicherweise nicht auf Zustimmung stieß – Enid wurde entlassen. Anschließend fuhr sie in Frankreich Krankenwagen für das Rote Kreuz, lebte in schäbigen Unterkünften, war für die Wartung der Autos verantwortlich, raste halsbrecherisch über schlechteste Straßen, Nacht und Nebel nicht scheuend. Später notiert sie, dass diese Tätigkeit ihre Muskeln trainiert und ihren Aufschlag beim Tennis gestärkt hätte.

Nach dem Krieg suchte sie eine Beschäftigung als Journalistin, und der berühmt-berüchtigte Frank Harris stellte sie ein. Er war Zeitungsmacher, unermüdlicher Womanizer und Skandalautor, dessen Autobiografie *My Life and Loves* viele neugierige und pflichtgemäß schockierte Leser fand. Mit ihm hatte Enid eine Affäre, allmählich aber wurde es Zeit, sich nach einem Mann fürs Heiraten umzusehen. Die Mutter ihrer Freundin Vita Sackville-West machte sie mit dem Besitzer der Presseagentur Reuters, Sir Roderick Jones, bekannt, und 1920 wurde Hochzeit gefeiert. Da der Ehemann sehr viel kleiner war als Enid, stieg er meistens für Fotos auf Stufen.

Enid ist bestrebt, ihre schriftstellerische Karriere fortzusetzen, aber nicht als Lady Jones, sondern unter ihrem Mädchennamen. Erst einmal jedoch ist es Enid wichtig, die Familie zu vergrößern, und so werden zwischen 1921 und 1939 fünf Kinder geboren, die sie intensiv umsorgt. Das Dasein als Autorin und

Mutter von lebhaften Kindern kann nur in einem größeren Haus gelebt werden, also zieht man nach Rottingdean nahe Brighton in ein Anwesen, das zuvor
Edward Burne-Jones gehörte, einem Präraffaeliten-Künstler. Und da natürlich
auch für die zahlreichen gesellschaftlichen Verpflichtungen ein Haus in London notwendig war, erwirbt man eines im vornehmen Stadtteil Kensington, 29

Enid Bagnolds Haus in Rottingdean

Hyde Park Gate. Die schmale Sackgasse, die direkt Richtung Kensington Palace führt, hatte immer prominente Bewohner – von Winston
Churchill über Robert Baden-Powell,
den Gründer der Pfadfinder, bis hin
zu Virginia Woolf. Diese gehörte
später, wie auch weitere Mitglieder
des Bloomsbury-Sets, zum Bekanntenkreis von Bagnold, aber nach ihren spitzen Bemerkungen in Briefen
zu schließen, schätzte sie Enid nicht
sonderlich.

Durch die journalistischen und
politischen Beziehungen von Roderick und die literarischen von Enid
führten beide ein außerordentlich
reges gesellschaftliches Leben, bei
dem zumindest die Wochenenden

im Society-Kalender für Einladungen verplant waren. Diese ergingen etwa an
viele Menschen aus der Politik – so zum Beispiel an Lady Asquith und Austen
Chamberlain oder Graf Bernstorff und Joachim von Ribbentrop, den Botschaf-
ter des NS-Regimes in Großbritannien. Die Beziehung zu Bernstorff wurde
seitens Enid intensiver, und das war umso bemerkenswerter, als der Graf zum
Widerstand gegen Hitler gehörte, während Bagnold begeistert von der neuen
Zeit schwärmte, die für die Deutschen angebrochen wäre. Ein enthusiastischer
Artikel in der *Times* 1938 über eine Deutschlandreise, der nicht im Geringsten
die Realität wahrnahm, kostete Bagnold einige Freunde. Dennoch blieb viele
Jahre die enge Beziehung zu Bernstorff, die mehr romantischer Liebe als der
Leidenschaft des Fleisches geschuldet war, wie eine Biografin schreibt. Was
derartige Leidenschaften anging, war die Ehe mit Jones nicht nur im siebten

Jahr gefährdet, denn Roderick war nie treu. Doch Enid blieb ihm bis zu seinem Tode nahe; er starb 1962.

Das Schreiben war Bagnold wichtig, aber mindestens genauso wichtig waren ihr die Kinder, die sie mit teilweise exzentrischen Erziehungsprinzipien plagte. So galt es, in eiskaltem Wasser zu schwimmen, und geliebtes Spielzeug wurde hoch auf einem Schrank deponiert, damit die Kinder Sehnsucht, aber keinen Zugriff hatten und Selbstdisziplin lernten. Disziplin war ebenso bei dem Hobby wichtig, das Enid mit ihren Kindern teilte – dem Reiten. Sie engagierte einen ehemaligen Jockey, der nicht nur Unterricht im Reiten gab, sondern ihnen zudem das Gewinnen beibringen sollte. Und von Pferden und Siegen handelte denn auch Enid Bagnolds erfolgreichstes Buch *National Velvet* (1935), dessen deutscher Titel – *Velvet, das Mädchen mit dem Pferd* – die Anspielungen des englischen nur unzureichend wiedergibt. Denn »*National*« bezieht sich auf das berühmteste, traditionsreichste und gefährlichste Pferderennen auf der Insel, das *Grand National* in Aintree bei Liverpool. Auf

mehr als vier Meilen müssen 30 Hindernisse überwunden werden, was häufig zu Stürzen, zu Verletzungen von Pferd und Jockey und sogar zu Todesfällen führte. Bei diesem Pferdesport gab es lange Zeit keine weiblichen Jockeys, und deshalb war die Geschichte von Velvet Brown besonders sensationell.

Velvet Brown lebt mit ihrer Familie – der Vater Schlachter, die Mutter früher erfolgreiche Kanalschwimmerin – in einem kleinen Ort in Sussex. Das Mädchen ist begeisterte Reiterin und gewinnt bei einer Lotterie ein Pferd, dessen Sprungkraft Michael, Pferdekenner und Angestellter bei den Browns, veranlasst, ihm Chancen beim *Grand National* vorherzusagen. Velvet trainiert das Tier, zwar nicht »fachgerecht«, aber intuitiv richtig, und Michael sorgt mit List, falschen Papieren und Beziehungen zur »Rennwelt« dafür, dass sie beim nächsten *Grand National* als angeblicher russischer Jockey an den Start gehen kann. Velvet gewinnt, doch nach den Strapazen des Rennens bricht sie zusammen, und in der Sanitätsstation entdeckt man ihre wahre Identität. Velvet und

Michael werden des Betrugs beschuldigt, aber in einem Verfahren vom National Hunt Racing Committee entlastet und freigesprochen. Die Öffentlichkeit sucht sich ein neues Opfer für ihr Interesse, und Velvet, so lautet der letzte Satz des Romans, »konnte ruhig ihren nächsten Abenteuern entgegenwachsen«.

Das Buch wurde von den meisten Rezensenten positiv aufgenommen, und die Darstellung des energischen, emanzipierten, erfolgreichen Mädchens fand großen Beifall. Weniger angetan waren die Nachbarn in Rottingdean, von denen sich einige in dem Buch wiedererkannten. Besonders die Schlachterfamilie, die Details ihres Lebens beschrieben fand, war *not amused;* für sie kam erschwerend hinzu, dass die Autorin noch nicht einmal bei ihnen einkaufte.

Im Krieg wird die Society-Lady Bagnold zur Farmerin, die Enten, Hühner und Kühe hält, melken lernt und mit den Produkten ihrer »Mini-Farm« kreativ und exzellent kocht. Nur noch wenige Hausangestellte bleiben, und das Leben wird schwieriger – doch die täglichen Schreibzeiten hält sie strikt ein. Ihr Bestseller *National Velvet* wird 1944 in Hollywood verfilmt, mit der jungen Elizabeth Taylor, die allerdings zu Bagnolds Enttäuschung nicht der Romanfigur entspricht.

Allmählich macht das Älterwerden Enid Probleme. Sie unterzieht sich einer Schönheitsoperation, die erfolgreich verläuft, und später einer Hüftoperation, die nicht erfolgreich ist und nach der sie so starke Schmerzen haben wird, dass sie bis an ihr Lebensende auf Opiate angewiesen ist. Aber sie schreibt weiter, und jetzt vor allem Dramen, die viele Aufführungen und auch Verfilmungen erfahren. Nichts wünscht sie sich mehr, als geadelt zu werden, doch sie erhält 1976 nur den »Order of the British Empire« verliehen. Krankheit und Alleinsein sind immer schwerer zu ertragen, und das Haus in Rottingdean ist zu groß für die einsame Lady. Enid zieht wieder nach London, betreut von Ärzten und Schwestern, und gleitet langsam aus dem Leben; sie stirbt 1981 und wird auf dem Friedhof von Rottingdean begraben.

ERSTMALS ERSCHIENEN 1902 · PETER HASE ·

Beatrix Potter

1866-1943

ein großer Garten, Blumen, Gemüse, mittendrin ein dicker, gelber Kürbis; unwillkürlich schaut man auf das Möhrenbeet, ob da nicht vielleicht ein kleiner Hase entlanghoppelt, mit blauem Jäckchen und verfolgt von … nein, hier würde Peter Rabbit nicht verfolgt werden, denn es ist der Garten von **Beatrix Potter**.

In ihren Büchern finden wir vor allem jene Tiere, die klein sind und weiches Fell oder Federn haben, so dass Kinder beim bloßen Anblick den dringenden Wunsch verspüren, sie zu streicheln und zu liebkosen. Und da es inzwischen fast alle von Potter geschaffenen Figuren als Stofftiere gibt, kann dem Wunsch, mit ihnen zu kuscheln und sie ins Bett zu nehmen, unbesorgt nachgegeben werden. Doch Beatrix Potter war eine zu genaue Beobachterin der Natur, als dass sie eine heile, von Tod und Gefahren freie Tierwelt beschrieben hätte. Ihre Erfahrungen in der Landschaft Nordenglands, vor allem in dem geliebten Lake District, ließen sie zu einer Expertin der Tier- und Pflanzenwelt werden, die ihren Ausdruck fand in vielen Bilderbüchern für Kinder, später aber auch in Zuchtbüchern für Schafe.

Aus: »The Tale of Peter Rabbit«

Helen Beatrix Potter wurde 1866 als erstes Kind in eine sehr wohlhabende Familie geboren, die ein großes Haus im vornehmen Londoner Stadtteil Kensington bewohnte. Die Größe des Hauses entspricht ungefähr der Einsamkeit der kleinen Beatrix, der die Eltern keinen Kontakt zu Gleichaltrigen ermöglichten, sondern ihr nur die Gesellschaft einer Gouvernante, später noch die einer Zeichenlehrerin gönnten. An Einsamkeit kann man sich jedoch gewöhnen, und Beatrix tat dieses, indem sie sich ihre eigene Welt schuf, in der die vielen Tiere ihrer häuslichen Menagerie eine nicht unbedeutende Rolle spielten, da wenigstens sie für emotionale Wärme sorgten. Vor allem Kaninchen, aber auch Meerschweinchen und Mäuse bevölkerten ihr Zimmer und ihre Fantasie und wurden auf den obligaten Reisen in die Sommerfrische mitgeführt. An der Darstellung ihrer Hausgenossen erprobte und perfektionierte Potter ihr Zeichentalent, was auch die Zustimmung des Vaters erfuhr, der in Künstlerkreisen verkehrte. Einer von ihnen, der Präraffaelit John Everett Millais, lobte Beatrix mit der Feststellung, viele Menschen könnten zeichnen, aber sie könne beobachten. Und das tat sie immer und intensiv. In ihren späteren Büchern machte die zeichnerische Umsetzung ihrer Fähigkeit, die Erscheinungen der Natur in allen Details zu erfassen, den besonderen Reiz aus.

Zeichnen war ihr für viele Jahre das Wichtigste im Leben, und sie bedauerte jede Minute, die sie nicht dieser Beschäftigung widmen konnte. Zwar hatte sie keine formale Schulbildung erhalten, aber dennoch schien ihr eine Kombination von Zeichnen und Wissenschaft interessant, und auf Anraten eines Onkels kam sie mit Forschern von Kew Gardens, einem der größten botanischen Gärten der Welt, ins Gespräch. Sie hatte sich sehr genau mit Pilzen und deren Entwicklung beschäftigt, dazu eine Theorie – natürlich bebildert – entwickelt und ihre Erkenntnisse vorgelegt. Als Amateurwissenschaftlerin und Frau hatte sie jedoch keine Chance, dass ihre Arbeitsergebnisse akzeptiert wurden – erst etliche Jahre später wurden diese als richtig erkannt und gewürdigt.

Potter muss sich nun eine andere Tätigkeit suchen. Sie möchte etwas »Extrageld« verdienen, da die Abhängigkeit von den Eltern bedrückend ist. Sie versucht es zuerst mit Grußkarten, die vor allem vor Weihnachten für regen Umsatz sorgen. Dann aber bringt der Brief an den kranken Sohn der ehemaligen Gouvernante, illustriert mit Bildern eines kleinen Hasen, die Wende in ihrer Arbeit und ihrem Leben. Jene Gouvernante rät ihr nämlich, ein »Hasen-Buch« zu gestalten. Diesen Vorschlag greift Potter auf, entwirft ein Buch mit Bildern und knappen Texten und bietet ihn verschiedenen Verlagen an. Alle lehnen ab – anscheinend das übliche Schicksal eines künftigen Bestsellers. Daraufhin veranlasst sie einen Privatdruck, der innerhalb kürzester Zeit ausverkauft ist. Auch Conan Doyle, der Erfinder von Sherlock Holmes, äußert sich lobend, und nicht zuletzt die Empfehlung dieses prominenten Autors lässt 1902 die Inhaber des Verlages Frederick Warne & Co das »Bunny-Book«, wie sie es nennen, annehmen – und eine Erfolgsgeschichte beginnt.

The Tale of Peter Rabbit, die Erzählung von dem frechen und unge-

Peter Hase und seine Familie

horsamen Hasen Peter, wird bald überall auf der Welt Kinder amüsieren, aber zugleich dezent auffordern, folgsam und brav zu sein. Mutter Rabbit ermahnt ihren Sprössling immer wieder und erinnert dabei an das Schicksal des unvorsichtigen Vaters, der in einer Hasenpastete endete. Dieses Schicksal könnte auch der unartige Peter erleiden, wenn er wieder einmal im Garten des Nachbarn die Karotten stibitzt und sich nur mit letzter Kraft vor dem Verfolger retten kann. Kinder jedoch lieben Peter – gerade *weil* er so frech ist. Potter hingegen mochte von allen ihren Schöpfungen am meisten das Büchlein *The Tailor of Gloucester* (1903), dessen Bilder sie an einem heißen Tage vor dem *Archway* zur Kathedrale skizziert hatte – etwa dort, wo es heute ein kleines Potter-Museum samt Shop gibt. Der Schneider von Gloucester rettet eine Maus vor der Hauskatze, und aus Dankbarkeit helfen ihm die »Heinzelmäuschen«, einen Mantel nachts fertigzustellen. Die meisten Bücher von Potter aber sind auf dem Land angesiedelt, und als »Hauptpersonen« fungieren Enten, Igel, Hühner, der böse Fuchs und viele Verwandte von Peter Rabbit. Zwar sind

die Tiere scheinbar vermenschlicht, doch die Autorin lässt ihnen durchaus die animalischen Charakteristika, wie die Natur sie vorgegeben hat. Dennoch gibt es immer ein glückliches Ende.

Langsam beginnt Potter zu realisieren, dass sie mit ihren Büchern Geld verdienen kann – mehr Geld, als sie jemals erhoffte. Da sie eine gute Geschäftsfrau ist, macht sie sich – in ihrer Zeit noch ungewöhnlich – Gedanken über ein mögliches Merchandising und lässt als Erstes 1903 »Peter Rabbit« beim Patent Office registrieren, denn das exklusive Londoner Kaufhaus Harrods hatte bereits ohne Genehmigung entsprechende Puppen angeboten. Sie mischt sich, wenn auch zurückhaltend, in die handelspolitische Diskussion ein. Als sie erfährt, dass die Spielzeugproduktion in London durch billige Importe zu erliegen droht, fordert sie *fair trade* statt *free trade*. Potters Wohlstand wächst und damit ihre ökonomische Unabhängigkeit, doch wirkliche Emanzipation von den Eltern, die bei der fast Vierzigjährigen immer noch strenge Kontrolle

ausüben, ist ihr nicht vergönnt. Als ihr Norman Warne, einer der Verlegerbrüder, 1905 einen Heiratsantrag macht, wollen die Eltern eine Ehe nicht erlauben. Dennoch verlobt sich Beatrix, wobei das Glück nicht lange dauert – kurze Zeit später stirbt Warne an Leukämie.

Über Potters Leben heißt es, es habe sich in drei Akten vollzogen: erst Kind und junge Frau, bei den Eltern lebend auf der Suche nach einer erfüllenden Beschäftigung, dann die erfolgreiche Autorin, die sich durch ihre Bücher eine neue Welt erschließt, und endlich die Farmerin, die als *Countrywoman* für sich eine neue Welt nicht nur in der Fantasie erschafft. In dem kleinen Ort Sawrey, zwischen dem Lake Windermere und dem Esthwaite Water nahe Hawkshead im Lake District gelegen, kauft Beatrix Potter die Farm »Hill Top«. Ihr neues Zuhause bietet Potter reiche Anregungen: Haus und Garten, das benachbarte Pub und die Landschaft kann man auf den Zeichnungen in ihren Büchern wiederfinden, und die Einwohner von Sawrey freuen sich, wenn sie ihr Haus oder ihre Tiere auf den Bildern entdecken – und wer nichts findet, ist enttäuscht.

Das wachsende Einkommen ermöglicht Potter, weitere Ländereien und Farmen zu erwerben, um ihren Besitz zu arrondieren und zu verhindern, dass die Landschaft durch Ferienhäuser zersiedelt wird. Als sie bei einem Kauf merkt, dass sie beim Preis ausgetrickst wurde, sucht sie sich einen erfahreneren Berater – den Rechtsanwalt William Heelis, der eine Kanzlei in Hawkshead führt und mit Land und Leuten vertraut ist. Beide kommen sich näher, und 1913 heiraten Potter und Heelis; selbst diese Ehe versuchen die Eltern zu verhindern – allerdings ohne Erfolg. Von Stund an ist Beatrix nur noch Mrs Heelis, und viele ihrer Nachbarn wissen gar nicht, dass sie die berühmte Miss Potter ist.

Nun beginnt der dritte Akt ihres Lebens – sie schreibt kaum noch und widmet sich gänzlich ihren Farmen und der Aufzucht einer bestimmten Schafrasse. Die Herdwick-Schafe sind extrem zähe und kräftige Tiere, die sogar Eingeschneitsein überstehen. Potter wird zur Expertin, die höchste Anerkennung ihrer Farmerkollegen genießt – ein ungewöhnliche Ehre für eine Frau in der Landwirtschaft. Trotz ihres großen Vermögens schätzt sie eine einfache Lebensweise, und da sie völlig uneitel ist, hält sie ein Landstreicher für seinesgleichen, so heruntergekommen wirkt ihre Kleidung.

Die Freundschaft mit Hardwicke Rawnsley, einem der drei Gründer des National Trust und engagierten Kämpfer für die Erhaltung der Landschaft des Lake District, und ihre Liebe zu der neuen Heimat veranlassten Potter, sich ebenfalls für die Bewahrung der Natur im Nordwesten Englands einzusetzen. »Hill Top« hatte sie bereits so eingerichtet, wie Haus und Garten nach ihrem Tode bewahrt werden sollten, und dieses Anwesen wie alle anderen Besitzungen hinterließ sie dem National Trust. Nach kurzer schwerer Krankheit stirbt sie 1943, ihr Mann folgt ihr 18 Monate später; beider Asche wird bei Sawrey über dem Land verstreut, dem sie nahebleiben wollten.

Aus: »Peter Rabbit und seine Freunde«

Tove
Jansson
1914-2001

Wer meint, Finnland sei das Land der Seen, Wälder und Elche, übersieht etwas Wesentliches: Finnland ist Muminland! Diese liebenswerten Trolle kennt in Finnland (und inzwischen in Japan und anderswo auf der Welt) fast jeder, egal ob groß oder klein. Babys saugen an Mumin-Schnullern, Kinder schlafen unter Mumin-Bettzeug und trinken aus Mumin-Bechern, die ihre Eltern mit Mumin-Geschirrtüchern abtrocknen. Briefe werden mit Mumin-Marken beklebt und Einkäufe in Mumin-Taschen nach Hause getragen. Es gibt kaum einen Gegenstand des täglichen Lebens, auf dem nicht die Mumin-Familie und deren Freunde den Betrachter meistens freundlich anschauen – ein Lächeln ist nicht zu erkennen, da die Mumins keinen Mund haben. Auch wenn die Mumins leichte Ähnlichkeit mit Nilpferden aufweisen, dürfte man nicht von »Maul« sprechen, denn die Mumins sind Trolle, gute Trolle. Das zu erwähnen ist wichtig, da es in anderen skandinavischen Ländern unangenehme Vertreter dieser Spezies gibt, die aber von der Schöpferin der märchenhaft-mythischen Mumin-Welt keine Berücksichtigung fanden.

Tove Jansson, 1914 in Helsinki geboren, wuchs in einer Künstlerfamilie auf. Der Vater, ein schwedischsprachiger Finne, war Bildhauer, die Mutter, eine Schwedin, Malerin und Zeichnerin, und von klein auf war das Kind umgeben von Farben, Gipsstaub, Stiften und Pinseln, von Menschen, die entweder malten oder modellierten oder über das Malen und Modellieren diskutierten. Noch bevor Tove schreiben konnte, saß sie bereits auf dem Schoß der Mutter, um zeichnen zu lernen. Die Beziehung zu ihr war die innigste und längste ihres Lebens; zuweilen wünschte sie sich, mit der Mutter unter einer Glasglocke zu leben, damit die Welt draußen bliebe. Und die Welt, die sie sich wegwünschte, war vor allem die des Vaters mit seinen Ansprüchen und Aggressionen.

In der Schule ist Tove nicht sehr glücklich, und da ihr Berufswunsch schon früh feststeht, darf sie bald auf die Kunstakademie wechseln. Sie beginnt ihr Studium in Stockholm, wechselt dann nach Helsinki und setzt ihre Ausbildung in Paris fort, wo auch ihre Eltern einst studierten. Allmählich entwickelt sich ihre Karriere mit Ausstellung, Verkäufen von Bildern, Illustrationen für Kinderzeitschriften und dem Gestalten von Kunstpostkarten. Das Einkommen ist nicht opulent, aber Tove kann ein Atelier mieten, um ungestört zu arbeiten. Diese Räumlichkeiten bleiben für sie das Wichtigste, Symbol der Freiheit und Unabhängigkeit, das sie zu keiner Zeit aufgeben wird.

Ihr Wahlspruch fürs Leben, den sie, frei formuliert, auf einem Exlibris

Tove Jansson inmitten ihrer Figuren

Die Muminfamilie und ihre Freunde

drucken lässt, lautet: »*laborare et amare*« – Arbeit war demnach vorrangig. Besonderen Erfolg haben ihre Karikaturen, die sie für eine progressive Zeitschrift zeichnet; allerdings ist ihr ausgeprägter Pazifismus, der sich sowohl gegen Stalin wie Hitler richtet, der Zeitschrift aus Furcht vor Repressalien unangenehm. Als dann 1939 der Winterkrieg gegen die Sowjetunion ausbricht, muss Tove – widerwillig – vorsichtiger sein. Ihre Gefährten und Freunde werden eingezogen, und Tove lebt in Sorge wie alle Familien, die Angehörige an der Front haben, und sie hat Angst während der Bombardierung von Helsinki.

Trost gibt es kaum, Zufluchtsorte sind schwer zu finden, doch es gibt die Fantasie der Künstlerin, und die erinnert sich an kleine Wesen, die sie schon früher, damals noch recht dämonisch aussehend, gezeichnet hat. Diese Märchenwesen, die an Trolle, die unheimlichen Zwerge der nordischen Mythologie, erinnern, entwickeln allmählich sympathische Züge, und Tove beginnt für sie eine eigene Welt zu schaffen. Die Mumins und die Mumin-Welt im Mumin-Tal wird die Zuflucht im Krieg, die Tröstung in schwerer Zeit. Wie viele Kinder wuchs auch Tove mit Märchen auf, und das abendliche Erzählen der Mutter in warmer Dunkelheit war so beruhigend und wohltuend, dass es in Erinnerung blieb.

Ein Freund ermuntert Tove, über die Mumins ein Buch zu schreiben, und so erscheint 1945 der erste Band, in dem sich seltsam aussehende, merkwürdig sich verhaltene, ungewohnt sprechende, in der Naturkunde unbekannte Wesen in einer scheinbar bekannten Welt tummeln. Zwischen 1945 und 1980 werden zwölf Bände veröffentlicht, und mit jedem Band nimmt im Mumintal das »Personal« zu, das überwiegend freundlich und gemütlich ist, zu dem aber auch einige unangenehme Typen gehören. Einer der Bände hat den Titel *Die Mumins. Eine drollige Gesellschaft*, und drollig sind der umtriebige Muminvater, die Muminmutter mit der unvermeidlichen Handtasche in der Tat, vor allem aber liebenswert. Jeder, ob jung, alt oder älter, kann bei den Mumins und ihren Trabanten ein Wesen finden, das er mag und das ihn vielleicht sogar an sich selbst erinnert.

Anders aber als in Kinder- oder Familienbüchern sind die Erlebnisse der Protagonisten skurril und ungewöhnlicher als »normale« Abenteuer, weshalb den Verlegern anfangs nicht klar war, ob diese Bücher für Kinder oder Erwachsene bestimmt waren, doch der Erfolg ließ dieses Problem nebensächlich werden. Und der stellte das Leben von Tove Jansson auf den Kopf, denn plötzlich war sie nicht nur in finnischen Künstlerkreisen bekannt, sondern man interessierte sich auch in anderen Ländern für sie.

Aus London erhält sie das Angebot, für die Zeitung *Evening News* Mumin-Comics zu erstellen, sechs die Woche, sieben Jahre lang. Jansson unterschreibt den Vertrag, freut sich darüber, endlich ein geregeltes Einkommen zu haben – und ist nach einiger Zeit genervt, statt künstlerischer Vielfalt nur noch Mumins zu präsentieren. Sobald sie kann, kündigt sie den Kontrakt, und ihr Bruder übernimmt für die nächsten Jahre die Comics. Ihre ökonomische Situation ist nun nicht nur gesichert, sondern dank der Merchandising-Industrie werden die Mumins zu einer Marke und sorgen für wachsenden Wohlstand und wachsende Bekanntheit.

Nach verschiedenen Beziehungen zu Männern verliebt sich Jansson in eine Frau und entdeckt ihre Homosexualität. So glücklich sie ist, so sehr ist sie auch gefährdet, denn Homosexualität stand in Finnland bis 1971 für Männer *und* Frauen unter Strafe. Dennoch geht Tove sehr entspannt mit dieser Situation um, und als sie 1955 die Grafikerin Tuulikki Pietilä kennenlernt, beginnt eine Liebe, die bis zum Tode dauert. Sie bauen sich ein kleines Holzhaus auf einer weit im Meer gelegen Insel, ohne jeglichen Komfort, aber mit viel Natur und dem Glück enger Gemeinsamkeit.

Tove schreibt nun mehr für Erwachsene, ohne aber die Mumins, die inzwischen auf der Bühne, im Film und in anderen Medien erscheinen, gänzlich zu

Blick auf das sogenannte »Muumihaus« auf der Inselgruppe Kökar
in Südwestfinnland, in dem Tove Jansson einige Zeit lebte.
Heute ist es Besucherattraktion und Museum.

vernachlässigen. Mit ihrer Gefährtin unternimmt sie weite Reisen, unter anderem bis nach Japan, wo sich inzwischen eine große Fangemeinde konstituiert
hat. Das Kontrastprogramm dazu ist unwandelbar Klovharu, die Insel im Archipel von Porvoo, doch je älter das Paar wird, umso schwieriger gestaltet sich
das Leben in der Einsamkeit, und man zieht ganz nach Helsinki. Tove Jansson
war lebenslang eine starke Raucherin gewesen, und im hohen Alter erkrankt sie
an Krebs. Nach mehreren Operationen stirbt sie 2001 und wird auf dem Friedhof Hietaniemi in Helsinki beigesetzt, auf dem Präsidenten und viele Künstler
ihr Grab fanden.

Ausblick

D as literarische Kinderland scheint – rückblickend betrachtet – ein
wundersamer Ort zu sein. Hier sind unzählige Abenteuer siegreich zu
bestehen, Probleme werden gelöst und Sorgen vertrieben, Unheimliches überdauert nicht, das Böse unterliegt stets dem Guten, und man
lebt in einer mehr oder minder harmonischen Gemeinschaft – sei es die Familie
oder seien es Freunde. Einige der Autorinnen, die diese vermeintlich so heile
Welt schufen, hätten die Vorstellung wohl verführerisch gefunden, sie könnten
Fiktives Realität werden lassen, kamen sie doch aus schwieriger sozialer Situation zum Schreiben. Zwar hatten fast alle, die in diesem Buch vorgestellt wurden,
von Jugend an den Wunsch, zu schreiben und zu publizieren, bei manchen
aber wurde aus dem Wunsch Notwendigkeit, um sich und die Familie durch-
zubringen. Bis in das 20. Jahrhundert hinein konnten die Frauen des Bürgertums im Prinzip nur zwei Berufe ohne Verlust ihrer Reputation ausüben – Autorin oder Gouvernante. Manche gingen diesen Tätigkeiten gleichzeitig nach,
wobei das Schreiben nicht selten profitabler war. Für Autorinnen mit Familie
kam hinzu, dass »Bücher schreiben« sozusagen »Heimarbeit« war, bei der sie
Kinderbetreuung und Haushalt mit ihrer Erwerbstätigkeit verbinden konnten,
wie sich zum Beispiel Le Guin erinnert.

Häufig war es die soziale Notlage, die Frauen veranlasste, zur »Feder zu
greifen«, ausgelöst durch den Tod des Vaters oder des Ehemannes, wodurch sie
allein für die Kinder sorgen mussten. Interessanterweise waren es dann zuweilen die Kinder, die gewissermaßen als Katalysator die Mutter zum Schreiben
für junge Menschen motivierten. Ihnen erzählte sie die Geschichten, erlebte
erste, spontane Reaktionen und fühlte sich ermutigt, das Erzählte aufzuschrei-
ben und an einen Verlag zu schicken – so war es beispielsweise bei Frances
Hodgson Burnett und Astrid Lindgren.

In der Forschung wird die Analyse von Kinder- und Jugendliteratur meistens im Blick auf das Buch oder auf die Adressaten geleistet. Wichtig aber sind

auch die Biografien der Autorinnen und ihr persönliches Umfeld, denn hier lassen sich durchaus Gemeinsamkeiten feststellen, was die Intention wie die Intensität des Schreibens angeht. Fast allen Frauen eröffnete das Schreiben die Möglichkeit selbstbestimmter Existenz, die sich auch in dem berühmten »Zimmer für sich allein« manifestierte, wie es zum Beispiel Selma Lagerlöf schon vor Virginia Woolf mehrfach betont. Und die geschaffene Fantasiewelt bot zuweilen die Chance, wenigstens zeitweise sozialer Bedrängung zu entgehen.

Die in diesem Buch genannten Autorinnen schufen Klassiker, die – bis auf wenige Ausnahmen – noch heute von jungen Menschen gelesen werden, und das seit mehr als 100 Jahren. Der Grund dafür liegt in Eigenheiten, die diese erfolgreichen Kinderbuchautorinnen ansatzweise gemeinsam haben, trotz aller

Unterschiede in Wesen, Nationalität und Herkunft. Zum einen wollen sie nur wenig erziehen, und das gilt ebenso für jene, die eine pädagogische Ausbildung haben, denn wenigstens beim Lesen möchten Kinder die Drangsale ständiger Ermahnungen vergessen. Zum anderen haben sie sich eine gewisse Kindlichkeit bewahrt, mit der sie die Wunschwelten von Mädchen und Jungen in ihrer Fantasie erstellen können, weil es auch ihre waren oder vielleicht sogar noch sind. Ferner können sie das Leben mehr oder minder mit Humor nehmen – was Tragik nicht ausschließt. Die so geschaffenen Welten bleiben den Kindern, die beim Lesen für eine gewisse Zeit dort lebten, in Erinnerung und werden zu jenen Sehnsuchtswelten, in die sie als Erwachsene von Zeit zu Zeit zurückkehren möchten.

Quellen

Aiken, Joan: The Way to write for Children, New York 1999.
Aiken, Joan: Wölfe ums Schloss, München 2002.
Alcott, Louisa May: Betty und ihre Schwestern, Köln
Bagnold, Enid: Velvet, das Mädchen mit dem Pferd, Zürich 1956.
Bagnold, Enid: Enid Bagnold's Autobiography, London 1970.
Blyton, Enid: Fünf Freunde …, München 2006 ff.
Blyton, Enid: Hanni und Nanni …, Köln 2003 ff.
Burnett, Frances Hodgson: Der geheime Garten, Köln 2013.
Burnett, Frances Hodgson: Der kleine Lord, Köln 2012
Chönz, Selina: Schellen-Ursli: Ein Engadiner Bilderbuch, Zürich 2009.
Funke, Cornelia: Drachenreiter, Hamburg 1997.
Goudge, Elizabeth: Regenbogen meines Lebens, Reinbek 1988.
Goudge, Elizabeth: Das kleine weiße Pferd, Stuttgart 1995.
Helm, Clementine: Backfischchen's Leiden und Freuden. Eine Erzählung für junge Mädchen, Leipzig 1882.
Kerr, Judith: Judith Kerr's Creatures, London 2013.
Kerr, Judith: Als Hitler das rosa Kaninchen stahl. Eine jüdische Familie auf der Flucht, Bde. 1–3, Ravensburg 2013.
Lagerlöf, Selma: Liebe Sophie. Liebe Valborg. Eine Dreiecks-Geschichte in Briefen. Hrsg. von Holger Wolandt, Stuttgart 2016.
Lagerlöf, Selma: Nils Holgerssons wunderbare Reise mit den Wildgänsen, Köln 2011.
Lagerlöf, Selma: Nils Holgerssons wunderbare Reise durch Schweden (Die Andere Bibliothek), Berlin 2015.
Le Guin, Ursula K.: Erdsee, München 2006.
Le Guin, Ursula K.: The Language of the Night, New York 1982.
Lindgren, Astrid, u.a.: Mein Småland, Hamburg 1988.
Lindgren, Astrid: Die Menschheit hat den Verstand verloren. Tagebücher 1939–1945, Berlin 2015.
Lindgren, Astrid: Das entschwundene Land, München 2002.
Lindgren, Astrid: Steine auf dem Küchenbord. Gedanken, Erinnerungen, Einfälle, Hamburg 2000.
Mann, Erika: Stoffel fliegt übers Meer, Reinbek 2005.
Nesbit, Edith: Die Eisenbahnkinder, Berlin 2010.
Nesbit, Edith: Der verzauberte Garten, Hamburg 2002.
Nesbit, Edith: Die Schatzsucher, Berlin 1996.
Nöstlinger, Christine: Wir pfeifen auf den Gurkenkönig, Reinbek 2015.
Nöstlinger, Christine: Glück ist was für Augenblicke. Erinnerungen, Salzburg u.a. 2013.
Potter, Beatrix: Sämtliche Geschichten von Peter Hase und seinen Freunden, Köln 2015.
Potter, Beatrix: Meine Geschichte. Das Journal von 1881 bis 1897, Frankfurt/Main 1990.
Potter, Beatrix: Peter Rabbit und seine Freunde, Berlin 2016.
Rhoden, Emmy von: Der Trotzkopf, Berlin o.J.
Rowling, J. K.: Harry Potter …, Hamburg 1998 ff.
Sewell, Anna: Black Beauty, Köln 2011.
Spyri, Johanna: Heidi, Köln 2013.
Travers, P. L.: Mary Poppins …, Hamburg 1999 ff.
Ury, Else: Nesthäkchen …, Berlin 1919 ff.
Webster, Jean: Daddy Langbein, Frankfurt/Main 1994.
Wörishöffer, Sophie: Kreuz und quer durch Indien – Irrfahrten zweier junger deutscher Leichtmatrosen in der indischen Wunderwelt, Leipzig o.J.

Sekundärtexte

Andersen, Jens: Astrid Lindgren. Ihr Leben, München 2015.
Asper, Barbara; Hannelore Kempin; Bettina Münchmeyer-Schöneberg: Wiedersehen mit Nesthäkchen. Else Ury aus heutiger Sicht, Berlin 2007.
Avery, Gillian: Childhood's Pattern, London u.a. 1975.
Berg-Ehlers, Luise: Das Glück des Schreibens, Berlin 2009.
Brentzel, Marianne: Mir kann doch nichts geschehen … Das Leben der Nesthäkchen-Autorin Else Ury, Berlin 2015.
Briggs, Julia: Edith Nesbit. A Woman of Passion, Stroud 2007.
Carpenter, Humphrey; Mari Prichard (Hgg.): The Oxford Companion to Children's Literature, Oxford 1987.
Denyer, Susan: Die Welt der Beatrix Potter, Berlin 2000.
Fraser, Antonia (Hg.): The Pleasure of Reading, London 2015.
Fröhlich, Roswitha; JürgWinkler: Johanna Spyri. Momente einer Biographie, Zürich 1986.
Gammel, Irene: Looking for Anne of Green Gables, New York 2008.
Gaschke, Susanne: Hexen, Hobbits und Piraten: Die besten Bücher für Kinder, München 2002.

Gavin, Adrienne E.: Dark Horse. A Life of Anna Sewell, Stroud 2004.

Grenby, M.O.; Andrea Immel (Hgg.): The Cambridge Companion to Children's Literature, Cambridge, 7. Aufl. 2013.

Grieser, Dietmar: Pinocchio, Pumuckl und Peter Pan. Kinderbuchfiguren und ihre Vorbilder, Frankfurt/Main 2003.

Hunt, Peter: Children's Literature, Oxford 2004.

Hurrelmann, Bettina (Hg.): Klassiker der Kinder- und Jugendliteratur, Frankfurt/Main 1997.

Karjalainen, Tuula: Tove Jansson. Die Biografie, Stuttgart 2014.

Kerr, Michael: As Far as I Remember, Oxford u.a. 2006.

Klüger, Ruth: Was Frauen schreiben, München 2012.

Kröger, Ute: »Zürich, Du mein blaues Wunder«, Zürich 2004.

Lawson, Valerie: Mary Poppins, she wrote. The Life of P.L. Travers, New York 2005.

Lühe, Irmela von der: Erika Mann. Eine Lebensgeschichte, Reinbek 2009.

Mattenklott, Gundel: Zauberkreide. Kinderliteratur seit 1945, Frankfurt/Main 1994.

Nel, Philip: J. K. Rowling's Harry Potter Novels, New York 2002.

Reisen, Harriett: Louisa May Alcott. The Woman Behind Little Women, New York 2009.

Rubio, Mary Henley: Lucy Maud Montgomery. The Gift of Wings, o.O. 2008.

Rusterholz, Peter; Andreas Solbach (Hgg.): Schweizer Literaturgeschichte, Stuttgart-Weimar 2007.

Scanzoni, Signe von: Als ich noch lebte. Ein Bericht über Erika Mann, München 2012.

Schönfeldt, Sybil Gräfin: Bei Astrid Lindgren zu Tisch, Hamburg 2007.

Sebba, Anne: Enid Bagnold. A Biography, London 1988.

Smith, Sean: Die Schöpferin von Harry Potter. Das Leben der J. K. Rowling, Hamburg 2002.

Stoney, Barbara: Enid Blyton. The Biography, Stroud 2006.

Taylor, Judy: Beatrix Potter. Artist, Storyteller and Countrywoman, London 1996.

Thwaite, Ann: Frances Hodgson Burnett. Beyond the Secret Garden, Stroud 2007.

Townsend, John Rowe: Written for Children, London 1995.

Wild, Reiner (Hg.): Geschichte der deutschen Kinder- und Jugendliteratur, Stuttgart, 3. Aufl. 2008.

Wilkending, Gisela (Hg.): Kinder- und Jugendliteratur. Mädchenliteratur. Vom 18. Jahrhundert bis zum Zweiten Weltkrieg, Stuttgart 1994.

Winkler, Jürg: Johanna Spyri, Zürich 1986.

Wolandt, Holger: Selma Lagerlöf, Värmland und die Welt, Stuttgart 2015.

Bildnachweis

Dank

Für Rat und Unterstützung sei gedankt: Ann-Kathrin und Thorsten Bude-
rus, Bochum; Klaus Burri, Zürich; Heike Burtscheid, Hattingen; Christine
und Detlef Heinsohn, Hamburg, mit einem tollen Schatz an Kinderbüchern
(www.detlef-heinsohn.de); Britt-Mari Norrbacka, Bettina Iver, Marianne Thoman-
der, Kimito *(Finnland)*; Günter Pfannenstein *(Foto Hamer)*, Bochum.

Folgenden Institutionen ist zu danken: Institut für Zeitungsforschung, Dort-
mund; Universitätsbibliothek Bochum.

**Last but not least geht der Dank an jene, die am engsten mit der Entstehung und
Gestaltung des Buches verbunden sind:** Dr. Elisabeth Sandmann für das Interesse am Thema sowie Ideen und Ratschläge für die Publikation, Eva Römer für
die engagierte Betreuung und profunde Redaktion und Regina Carstensen für ein
intensives Lektorat.

Zum Schluss möchte ich denen danken, die gewissermaßen den Grund legten für
dieses Buch, weil sie mir immer vorlasen, mich das Lesen lehrten und mir die Liebe zum (Kinder-)Buch vermittelten: **meinem Vater und meiner Mutter.**